対話する

プレゼン

ロジカルなプレゼンより
100倍
説得力が増す方法

岩下宏一

ダイヤモンド社

対話するプレゼン

まえがき

ロジカルなプレゼンよりも100倍説得力のあるプレゼンの方法があります

プレゼン指導をしていると、日々さまざまな悩みを耳にします。先日も、こんな相談を受けました。

「営業提案書を説明している途中で、相手が口を開こうとすると怖くなるんです。何を言われるんだろう？って……」

まだ話している途中で相手が何か言おうとしている――そんな状況にドキドキしてしまう気持ち、私にもよくわかります。こうした不安を抱える方々には、私はいつもある**「魔法のフレーズ」**をお伝えしています。それがこちらです。

「気になっているところは、ありませんか？」

これは、相手に発言を促すための問いかけです。相手の言葉を怖がる人に、なぜあえて発言を促すフレーズを教えるのでしょう？　そう疑問に思われる方もいるかもしれません。

でも、プレゼンの合間にこのひとことを入れるだけで、空気が変わり、不安も和らぐのです。

私は、**プレゼンを「対話」**だととらえています。

プレゼンの場を「一方的に説明する場」から「対話の場」に変えたほうが良いと思うのです。

「プレゼンは最初から最後まで話しきらねばならない」

「事前に100％資料も作りこんで、あらかじめ予定しておいた順番でロジカルにプレゼンをしなければならない」

多くの人は、このように思い込んでいるかもしれません。

でも私は、そんな型にはまったロジカルなプレゼンテーションよりも、日本人の多くの方に説得力を増す方法があると信じています。

いわゆる「ロジカルプレゼンテーション」だと、精緻《せいち》に組み上げたロジックに基づき、よどみなく話しきるというイメージがありませんでしょうか。ただ、プレゼンが苦手な人がこのやり方を真似しようとしても、ツッコミどころのないロジックで組み上げるのはそう簡単なことではありませんし、一般の方には「流暢《りゅうちょう》な話し方」を訓練する場もなかなかありません。

「対話するプレゼン」は、相手の「いまこの瞬間」の要望や疑問を一つひとつ拾い上げ、丁寧《ていねい》に

答えていくことで進めます。用意したプレゼン資料を叩き台としながら、相手とその場でより良い結論を出すことを目的としたプレゼン手法なのです。

そのためのコツをまとめたのが、本書『対話するプレゼン』です。

プレゼンに関する悩みの多くは、**「プレゼンをいつもと違う特別な場」**だと考えてしまうことが生み出しています。いつもと違う特別な場だと思うから、過度に緊張してしまう。話しすぎてしまう。うまい言葉が見つからなくて、話もまとまらなくてアタマが真っ白になる。

そもそも、なぜ人は緊張するのでしょうか？　私の経験上、そういった方のほとんどは「縛られている」状態にあります。「特別な場だから、特別なことをしなければ」と思い込んでしまうのです。だから、話す時にはこんなことがアタマをよぎります。

- うまく話さねばならない
- ちゃんと理解してもらわねばならない
- 用意してきたものを時間内に伝えきらねばならない
- 言い間違えてはならない
- 言葉を「噛んで」はならない

・相手の心のうちを読みとらねばならない　などなど……

自分をたくさんの**「ねばならない」**という縄で縛り、がんじがらめの状態でプレゼンに臨んでいるわけです。特に真面目な方ほど、このような状況に陥りやすい傾向があります。

では、どうすれば緊張を和らげることができるのでしょうか？

「いつもと違う場面」に緊張するのなら、プレゼンの場をふだんと同じようなものに変えてしまえば良いのです。

プレゼンの場を「0か100かの審判を仰ぐ場」ではなく、「用意したストーリーを叩き台として、ふだんどおりに活発な話し合いを行う場」に変える、ということです。

「対話するプレゼン」と従来のプレゼンとの違い

「対話するプレゼン」をひとことで表現するならば、それは**「プレゼンの5割は本番で作り上げるもの」**という考え方に集約されます。事前に完璧《かんぺき》に準備された内容をただ一方的に伝えるのではなく、その場の状況や相手の反応に応じて柔軟に進行していく姿勢が重要なのです。

プレゼンに対する一般的な考え方もしくはよくある思い込みと、本書で述べる考え方には、主に以下のような違いがあります。

・情報を時間いっぱいに詰め込む↓　プレゼン時間の3分の1を余白時間として残しておく

30分のプレゼンであれば、読み上げて20分程度で話し終わる内容のものを準備します。そして余白の時間は、相手との対話に使い、相手の関心や疑問に応じて内容を深めていく場とします。

・用意したストーリーにこだわる↓　その場での相手の関心ごとを大切にする

プレゼンで提示するストーリーだけではなく、それをきっかけとして相手に生まれる疑問や発想に向き合うことで、その場での最適解を相手とともに導き出します。

・原稿や資料を読み上げる↓　言葉はその場で作る

用意した言葉を読み上げるプレゼンは相手に刺さりません。ふだんの会話と同じように、相手に合わせた言葉遣いや強調を意識することで、内容がより伝わりやすくなります。

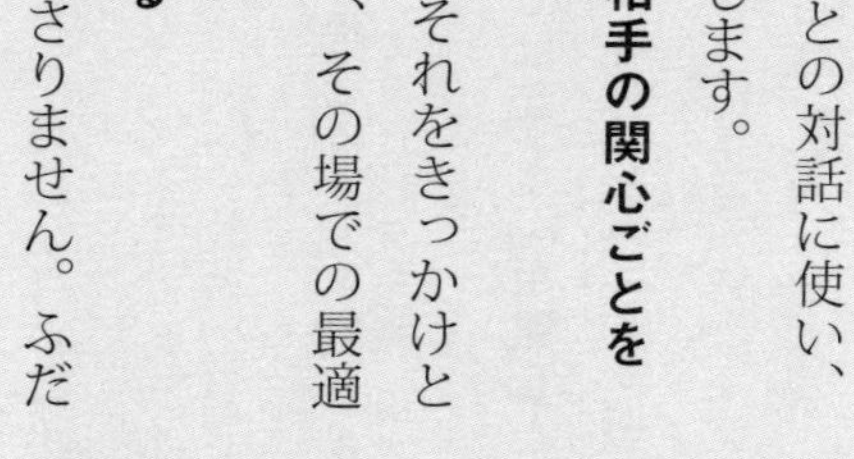

・流暢に話す→　言い間違いや言い忘れもＯＫ

プレゼンの「ねばならない」に過度にこだわると緊張につながり、相手への反応力が低下します。「噛む」ことや、言い間違い、言い忘れ、は気にしません。言いたいことを素直な言葉で伝えることに集中すれば良いのです。

・質疑は最後にまとめる→　冒頭から行う

「相手からなるべく質問が出ないように」ではなく、「相手の疑問や質問を積極的に拾いながら」話します。質疑応答を最後にまとめるのではなく、プレゼンの冒頭から行うことを意識します。相手の疑問や質問を積極的に拾いながら進めることで、話し終えた後に「何が言いたかったのかわからない」といった状況を防ぎ、プレゼン内容をより深く理解してもらうことができます。

「対話するプレゼン」とは、緊張しがちなプレゼンテーションの場面をふだんの打ち合わせのような場に変え、**「ふだんどおりの自分」の力を発揮できる手法**なのです。

少し、自己紹介が遅くなりました。

私は、岩下宏一と申します。株式会社ビーユアセルフの代表として、これまでの10年間で

300団体1万5000人以上の方々にビジネスプレゼンの指導と支援を行ってきました。

私のキャリアは、「人事」と「ミュージカル」という2つの異なる分野を基盤としています。人事の分野では、NTTで年間3000人の新卒採用に携わり、多くの人材と向き合ってきました。その後、ミュージカル俳優へと転身し、劇団四季で「ライオンキング」をはじめとする舞台で500回以上の公演を経験。50万人を超える観客の前で演技を披露しました。

さらに、人材採用支援企業の人事部長を経て、現在はプレゼンテーションに特化したコンサルティング・研修企業を設立。多くのビジネスパーソンの成長を支援し続けています。これらの経験を活かし、より多くの方々にプレゼンテーションを通じた成功をお届けすることを目指しています。

「居て、聴いて、語る」

この言葉は、私がプレゼンを教える際の原点となっている、劇団四季で学んだ教えです。説得力のあるセリフを話すためには、まずしっかりと準備を整え、その場に「居る」ことが求められます。自分の存在をその瞬間に完全に委ね、相手に集中する姿勢です。そして、相手の言葉や感情をしっかりと「聴く」ことが欠かせません。この「聴く」姿勢があるからこそ、次に「語る」ことが自然で意味のあるものになります（なおこの本では、劇団四季の教えに関する時だけ「聴

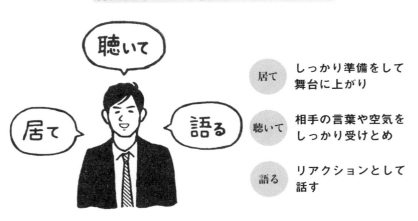

劇団四季の教え「居て、聴いて、語る」

- 居て　しっかり準備をして舞台に上がり
- 聴いて　相手の言葉や空気をしっかり受けとめ
- 語る　リアクションとして話す

く」を使い、それ以外は「聞く」を使っています）。

劇団四季では、この教えを徹底的に叩き込まれました。「自分の都合でしかセリフを言っていない！」「相手の言葉をちゃんと聴いて、それに反応しろ！」という厳しい指摘が、稽古のたびに飛んできました。毎日のように「ダメ出し」を受け続け、精神的にも肉体的にも非常に厳しく、自分自身も追い詰められるような状況の中で、必死になって取り組んだ日々でした。これまでの人生で最も辛く、同時に自分を鍛え上げる経験となった時期です。

その日々の中で私は「嵐の中の子どもたち」というファミリーミュージカルで、村長の役をいただきました。相手は演説をじっと聞いている村の子どもたち。喋らない相手に対して、コミュニケーションをとりつつ話すには、一人ひとりをじっと見つめて、細かい目の動きやうなずき、姿勢、そういったものに目を配りつつ、それらへのリアクションとして話すしかありません。

聞いてくれているか？　わかってもらえているか？　納得しているか？　伝わっているか？　全力でそれを感じてリアクションとして話す、を繰り返していきました。本番でも試行錯誤を続けました。この体験を通じて、ただ言葉を発するだけでなく、相手の反応を受けとめてコミュニケーションを構築することの重要性を学びました。必死で稽古《けいこ》をしました。

劇団四季での経験が活きたのでしょう。劇団を辞めて再び会社勤めに戻り、プレゼンをやってみると、その効果は劇的でした。驚いたことに、聞き手が私の話に食い入るように聞き入ってくれたのです。これは自分にとっても大きな発見で、この感覚を1人でも多くの人と共有したいと考えるようになりました。

そこで、プレゼンを学ぶ場を作り、最初は個人を対象にしたセミナーから始め、徐々にその活動を企業相手にも広げてきました。

その過程で気づいたのは、**プレゼンが苦手な人は、私が劇団四季時代に感じた苦しみと同じような思いを抱えている**ということでした。

「あらかじめ考えてきたストーリーや資料を一言一句漏らさず伝えきるのがプレゼンだ」

という考え方です。これは、自分のセリフだけにとらわれている俳優の姿と重なります。ふだんの仕事や生活では当たり前にやっている「居て、聴いて、語る」ができなくなってしまう。

そこで私は、具体的にどうすればうまく自然な感じで話せるようになるのか、自分自身も研修や講演の場で試行錯誤を重ね、さまざまな教え方を探求し続けてきました。

そうして作り上げたのが、私の提唱する「対話するプレゼン」です。これは、**ストーリーを軸にしながらも、聞き手との対話を大切にするアプローチ**で、単なる情報伝達ではなく、**共感や信頼を築くことを目指しています**。この方法が、多くの人にとって効果的で、心に響くプレゼンを可能にするものだと確信しています。

この本では7章にわたって、「対話するプレゼン」について紹介していきます。

第1章は、**「ヒアリングの進め方」**です。プレゼンを行う前に、相手がその案件について相談を持ちかけるにいたった背景に始まり、何が問題か、考えられる原因は何か、などを充分に聞きとる必要があります。そのためには、どのような質問をすれば良いのかを事前に確認しておきましょう。

第2章は、**「ストーリーの作り方」**です。ビジネスプレゼンにおいて必要な型は「問題解決」ただ1つです。ビジネスプレゼンは問題を解決するためのものだからです。まずはこの型を徹底して身につけておくことで、ストーリー作りの基本を押さえることができます。

第3章は、**「資料の作り方」**です。せっかく良いストーリーができても、相手に伝わらなければ意味がありません。事前に準備する資料も大きな役割を担います。ここでは、「わかりやすく」「誤解を生まない」資料の作り方の実践的なポイントを3つに絞りお伝えします。

第4章は、**「プレゼン前の空気の作り方」**です。プレゼンを行う際には、いきなり本題に入ってはいけません。その前にプレゼンの場をいかに「アウェイ」から「ホーム」に近づけるかで、話しやすさは格段に変わっていきます。そのために誰にでも簡単にできる空気作りのコツを7つ、お伝えします。

第5章は、**「話し方」**です。いよいよプレゼンです。双方がリラックスして話せる空気ができたらプレゼンに入ります。たとえば「間」。みなさん、間を空けることを嫌いますが、むしろ間は宝物なんです。「よどみなく流暢に話す」ことは一切必要ありません。むしろ「隙《すき》を作る」ほうが良い。そんな目からウロコの話も含め、4つのポイントをお伝えします。

第6章は**「問いかけと受けとめ」**です。効果的な問いかけをすることで、相手がその時感じていることをどんどん引き出すことができます。あいづち、うなずき、伝え返しなど、プロのカウンセラーも使っている相手の言葉の受けとめ方をご紹介します。受けとめのフレーズを1つ覚えるだけでも、相手は驚くほど話してくれるようになります。

第7章は、営業セミナーや会社説明会など、少しかしこまった**「1対多でのプレゼン」**です。その場においても、ふだんのプレゼンとなんら変わることはありません。前章までのテクニックをマスターすれば、1対多でも充分話せます。この章ではさらに、聞き手を引きこみ会場を一体化させてしまうテクニック、細かいTips、魔法のあいさつなど、余すところなくお伝えします。

本書を読んで、「これ、ちょっと試してみたい！」と思うことがあれば、ぜひ1つでも良いので、実践してみてください。それだけで、あなたのプレゼンは確実に変わります。

それでは、幕があがります！
最後までお楽しみください。

「魔法のフレーズ」をお伝えします。
プレゼンの合間に言ってみてください。

「気になっているところは、
ありませんか？」

きっと空気が変わりますよ。

対話するプレゼン◎目次

第2章 ストーリーの作り方

第３章 資料の作り方

2 対話を生み、迷子にさせない資料の作り方……86

3　実際の資料の例を見る

第4章

プレゼン前の空気の作り方

第5章

話し方

～生きた言葉と「間」で対話を生む……131

第7章

1対多でのプレゼン

第1章

ヒアリングの進め方

〜プレゼン準備は「よく聞く」ことから始める

1　ヒアリングは4つのステップで行う

ここからいよいよ本番です。この本では、**「ヒアリングの進め方」「ストーリーの作り方」「資料の作り方」「プレゼン前の空気の作り方」「話し方」「問いかけと受けとめ」「1対多でのプレゼン」**という順で、プレゼンについて詳しくお伝えしていこうと思います。

最初はヒアリングです。プレゼンのストーリーを組み立てる前に、まずは充分なヒアリングで情報を集める必要があるのです。

「まえがき」で、私のプレゼンの原点である劇団四季の教え「居て、聴いて、語る」についてお伝えしましたが、私はまず相手とじっくり向き合い、抱えている問題や悩みを丁寧にお聞きすることから始めています。

クライアントや仕事関係の方々と対話を重ねる中で、よく気づくことがあります。それは、相手が「これが問題だ」と考えている事柄が、実際には本質的な問題ではない場合があるいうことです。むしろ、その背景には、さらに重要で解決すべき別の問題が隠れていることが少なくありません。

ヒアリング4つのステップ

❶相談にいたった背景について聞く
❷問題について聞く
❸原因について聞く
❹解決策について聞く

このため、私はまず相手の話をじっくりと丁寧に聞くことから始めます。そして、相手が抱えていると感じている「問題」を、できる限り細かく洗い出していただくことを心がけています。

では、具体的にどのように相手の話を聞いていくのか、その方法を少しご紹介しましょう。

私の聞き方、ヒアリングの方法は、大きく「4つのステップ」に分けて行います。

「（1）相談にいたった背景について聞く→（2）問題について聞く→（3）原因について聞く→（4）解決策について聞く」の4ステップで

す。

それでは、1つずつ、見ていくことにしましょう。

(1)相談にいたった背景について聞く

まずは、相手が考えていることや感じていることについて、話しやすい質問から始めます。そして、今回の打ち合わせにいたった背景や経緯についてお話しいただきます。このステップ(1)では、相手がリラックスして会話を始められるよう、自然な雰囲気作りを心がけることが重要です。

①相手が話しやすい質問をする

本題に入っていく前に、まずは相手の話しやすいことを話してもらいます。

「最初に、いま思っていることなどをざっくばらんにお聞かせいただけますか」

「今回お声かけいただいた(この時間を設けていただいた)理由やきっかけがあれば、教えてください」

「(初回訪問時など、相手に話したいことがまだ多くない様子の場合)では、まず弊社とサービスについて簡単にご紹介させていただきます。その中で気になる点やご質問があれば、それについてお話を進めていく、という形でいかがでしょうか？」

②背景についての質問をする

少し踏み込んで、今回この相談（商談や打ち合わせ）をしようと思ったきっかけや背景について伺いましょう。

「本件について提案を受けようと思われた背景はなんでしょうか」
「今回お声かけいただくまでの経緯など、お教えいただけますでしょうか」

これらの質問をしながら相手の話をよく聞いていくと、相手が困っていることや問題だと思っていることがぼんやりと見えてきます。

(2)問題について聞く

ステップ（2）は**「問題について聞く」**です。問題だと考えられることに見当がついたら、それについて「現状」と「理想の状態」を具体的に伺います。この過程を通じて、相手の抱える問題を絞り込み、特定していきます。

①現状についての質問をする

現状を話してもらうことで、どのようなことに困っているのかが具体的に見えてきます。

「現状を詳しく教えてもらって良いでしょうか」
「実際にいま、どんなことが起こっているのでしょうか」
「いつごろから、そのことが目につくようになりましたか」
「いまはみなさん、どんな形でお客様対応をされているのでしょうか」
「現在の商品紹介ページへのアクセス数はどのくらいでしょうか」
「たとえば現状について、管理者側の要望はよくわかりましたが、現場の担当者からはどう見えているのでしょう」

②理想の状態についての質問をする

理想の状態を改めて尋ねることで、相手自身が「現状に足りないのはこういうことだったのだ」

と新たな気づきを得ることがあります。

「何がどういう状態になれば、理想的と言えますか」
「目標とされているところはどんな感じでしょうか」
「お客様対応で目指すべき姿はどういったものでしょうか」
「商品紹介ページで目標とするアクセス数はどのくらいでしょうか」

「現状」「理想の状態」の２つについて質問をしていくと、いろんな問題が見えてきます。どんどん出してもらいましょう。

問題が出つくしたら、次はそれを絞り込んでいきます。

③問題を絞り込む質問をする

解決すべき問題を判断する際には、「重要度」と「緊急度」を基準にします。**重要度とは、その問題がどれほど大きな影響を持つか**を指します。一方、**緊急度は、早急に対処する必要があるかどうか**を示します。この２つの要素を評価し、両方が最も高い問題に優先的に取り組むことで、効果的な解決が可能となります。

「いまお伺いした問題の中で、特に大きな問題だと感じられるのはどれでしょうか」

「挙げられた中で、解決すれば最も大きく事態の改善につながると思われる問題は何でしょうか」

「この中で、早急に手を打たねばならない、という問題はどれですか」

「いま放置しておくと後々もっと大きな問題になるというものは何ですか」

④問題を特定する質問をする

「重要度」と「緊急度」が明確になったら、それをもとに解決すべき問題を特定します。この際、Yes／Noで回答できるシンプルな質問を用いると、問題をよりはっきりと絞り込むことができます。


「お客様のご要望をまず充分に聞き出すことができていない、だから満足のいく商品提案につながらない、というのが解決すべき問題ということでしょうか」

「商品紹介ページへのアクセス数が昨年比で7割程度に落ちているのを昨年と同程度に戻す。それが解決すべき問題、という認識でよろしいでしょうか」

「複合機のリース料を月々○○万円以下に抑えたいが、現状はそれを○○万円超過している。

それが今回、解消すべき問題ということになりますね」

「これが問題だ！」と一発で核心を突くような質問ができることは、実際にはほとんどありません。こうした質問は、一問一答形式でスムーズに進むものではなく、「これが当てはまるだろうか？」「これは少し違うかな？」といった具合に、相手と一緒に考えながら行ったり来たりするプロセスを伴います。私自身も、そうした対話を心がけています。

大切なのは、漏れがないよう丁寧に話を進めることです。焦らずに、相手の考えや感じていることを尊重しながら対話を続けることで、最終的に本質的な問題へとたどり着けます。このプロセス自体が、信頼関係の構築にもつながります。

(3)原因について聞く

ステップ（3）は「原因について聞く」です。解決すべき問題が特定できたら、それを生み出している原因について尋ねてみましょう。

①問題を生み出している原因についての質問をする

問題を生み出している原因は、最初に思いつくものが正しいとは限りません。いろんな質問をしてみることで、本質的な原因は何なのかを相手とともに探っていきましょう。


「なかなか改善が進まない、とおっしゃいましたが、何か理由があるのでしょうか」

「お客様のご要望を充分に聞き出せない、ということですが、なぜ難しいのでしょうね」

「商品紹介ページのPVが低下したことについて、これが原因だろうか?と感じることはありますか」

「社員のエンゲージメントの低下が問題だとおっしゃいましたが、なぜそれが起こっているのか、思い当たることはありますでしょうか」

「営業社員のプレゼン力不足が原因とのことでしたが、その前段のヒアリングについては充分にできていますかね?」

「なるほど、営業社員の数をいたずらに増やせばすむということではなさそうですね」

「経理に伝票を提出するのが遅い、というお話ですが、たとえば伝票の様式が複雑ということはないでしょうか」


日常業務や目標達成に追われる中では、じっくりと物事を考える時間を確保するのは難しいものです。このように質問をすることで、対処すべき原因について考え、気づいてもらうことができるのです。

（4）解決策について聞く

ステップ（4）は、「解決策について聞く」です。解決すべき問題と対処すべき原因がおよそ見えたら、プレゼンに備えて解決策や納期・予算について聞いておきましょう。

①解決策についての質問をする

ヒアリングを進める中で、「こんな解決策が考えられるのではないか」とひらめく瞬間があります。そんな場合はまずそのアイデアを相手に説明し、その方向性で良いかどうかの確認をとっておきましょう。

「たとえばいまパッと思いつくのは、○○をご使用いただくことなのですが、提案に含めてよろしいでしょうか」

「御社のＷｅｂサイトをすべて構築しなおす、という規模感ではないと思いますので、今回はナビゲーションの最適化と商品紹介ページのリニューアルを中心にプレゼンをする方向でよろしいでしょうか」

「お困りごとの、○○と○○の部分については弊社でご提案できます。ただ、△△については現状対応が難しく、ご提案の範囲外となりそうですが、よろしいでしょうか」

「お伺いした範囲へのご提案ですと、弊社と、弊社の提携先のA社、2社で対応させていただくのがよろしいのではと思います。共同提案という形でもよろしいでしょうか?」

②納期と予算についての質問をする

納期や予算についての確認は、営業商談や事業提案において必須項目です。必ず確認しておきましょう。

「納期はいつごろを考えていらっしゃいますか」

「なるべく早期の導入をお考えとのことでしたが、目安となる時期はありますか」

「新年度の始期からの実装をお考えとのことでしたので、○○年○月○日に稼働開始という認識でよろしいでしょうか」

「費用感をお教えいただけますでしょうか」

「先ほど、だいたいの想定金額は○○○万円程度、とお話しされていましたが、正確にはどのくらいでしょうか」
「見当違いの提案をしてもご迷惑となってしまいますので、今回のご提案の金額的な条件をお教えください」

以上が、ヒアリングの流れとその中での質問例です。

「(1) 相談にいたった背景について聞く→(2) 問題について聞く→(3) 原因について聞く→(4) 解決策について聞く」。この4つのステップの順であらゆる質問をすることで、提案すべき内容について、細かく把握することができます。

ここでは、相手が抱えている問題や困っていることをできる限り引き出し、それらの原因を深く探り、そのうえで、解決策の方向性、納期、費用をしっかりと確認することで、次の章の「ストーリーの作り方」がより充実した内容になります。

相手の状況や課題を正確に把握するために、可能な限り多くの時間をいただき、さまざまな視点からヒアリングを行うことをおすすめします。

ヒアリングは４つのステップで行う

①相談にいたった背景について聞く
②問題について聞く
③原因について聞く
④解決策について聞く

第2章

ストーリーの作り方

～「より良い未来」だけを考える

プレゼンにおける「ストーリー」とは何なのか

第1章の「ヒアリングの進め方」では、相手の抱える問題やその原因について、充分に聞きとることができました。この章では、その問題をどのように解決していくか、つまりプレゼンの「ストーリー」を考えていきます。

プレゼンにおける「ストーリー」とは、そもそも何なのでしょうか。

それは**相手に「より良い未来」の実現を予感させる**、ということだと私は思っています。プレゼンを通じて相手がその予感を抱くことができれば、あなたのプレゼンは成功したといえるでしょう。しかし、そう聞くと「難しそう」と感じる人もいるかもしれません。

でも大丈夫です。考えるにあたり、みなさんもよく知っている世界にヒントがあります。

それは、演劇や映画、小説など、物語の世界です。私はストーリーを考える際に、いつもそういった作品をイメージしながら作ります。

「ストーリー」とは、
相手に「より良い未来」の
実現を予感させること

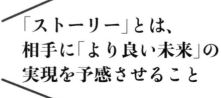

ストーリーは、決して凝ったものは必要ありません。シンプルな原則を押さえれば、誰でも作り上げることが可能です。ここでは、みなさんがよく知っている物語を参考にしながら、効果的なストーリー作りの方法を学んでいきます。

1 なぜ「桃太郎」の物語は記憶に残るのか？

さて、みなさんは童話『桃太郎』をご存じですよね？　おそらく、多くの方がこの物語を知っていることでしょう。イヌ・サル・キジという個性の立ったキャラクターやきび団子というわかりやすいアイテムが印象に残る物語です。

ただ、それだけではありません。桃太郎は筋書きもとてもわかりやすく、印象に残ります。研修や講演のたびに参加者に尋ねてきましたが、ほぼすべての方があらすじを説明できるんですよね。

それは桃太郎が**「問題解決」型のストーリー**だからです。

「鬼の襲来」という大きな問題に対し、きび団子を携え旅に出て、道中で仲間を作り、最後には見事、鬼を退治する。

「いろんな手立てを考えて問題を解決し、より良い未来を実現する」という話は、人の心に強い印象を与える普遍的なストーリーの型なんです。

大ヒットミュージカル「ライオンキング」。私も東京や名古屋で出演しました。主人公はシンバという若き雄ライオンです。「国王である父の謀殺」「王国からの追放」といった問題が起こりますが、シンバは父を亡き者にした叔父を倒し王として王国に戻ることで、再び繁栄と希望を取り戻すのです。

桃太郎やライオンキングのように、目の前の問題をスッキリ解決し、みんなで喜べる**「問題解決ストーリー」**を提案できれば、あなたのプレゼンの成功率はグッと高まるのです。

2 「問題解決」の考え方をマスターする

問題解決ストーリーには、4つのステップがあります。

それは**「(1) 背景の確認」→「(2) 問題の特定」→「(3) 原因の特定」→「(4) 解決策の決定」**です。

ここでは、「桃太郎」を例にとり、もし私がおとぎ話の世界に入りこみ桃太郎になったとしたら、どうやって問題解決ストーリーを作っていくか、考えてみることにします。一つひとつ順を追って説明していきますので、一緒に見ていきましょう。

(1)背景の確認
～桃太郎はいま村人が何を感じているのかを聞いてみた

第1章「ヒアリングの進め方」でお伝えしたヒアリングの4つのステップは**(1) 相談にいたった背景について聞く→(2) 問題について聞く→(3) 原因について聞く→(4) 解決策について聞く**でしたね。

この流れは、実は問題解決の流れに沿ったものでもあります。まずはこのヒアリングのステップに沿って進めていきます。

問題解決の４つのステップ

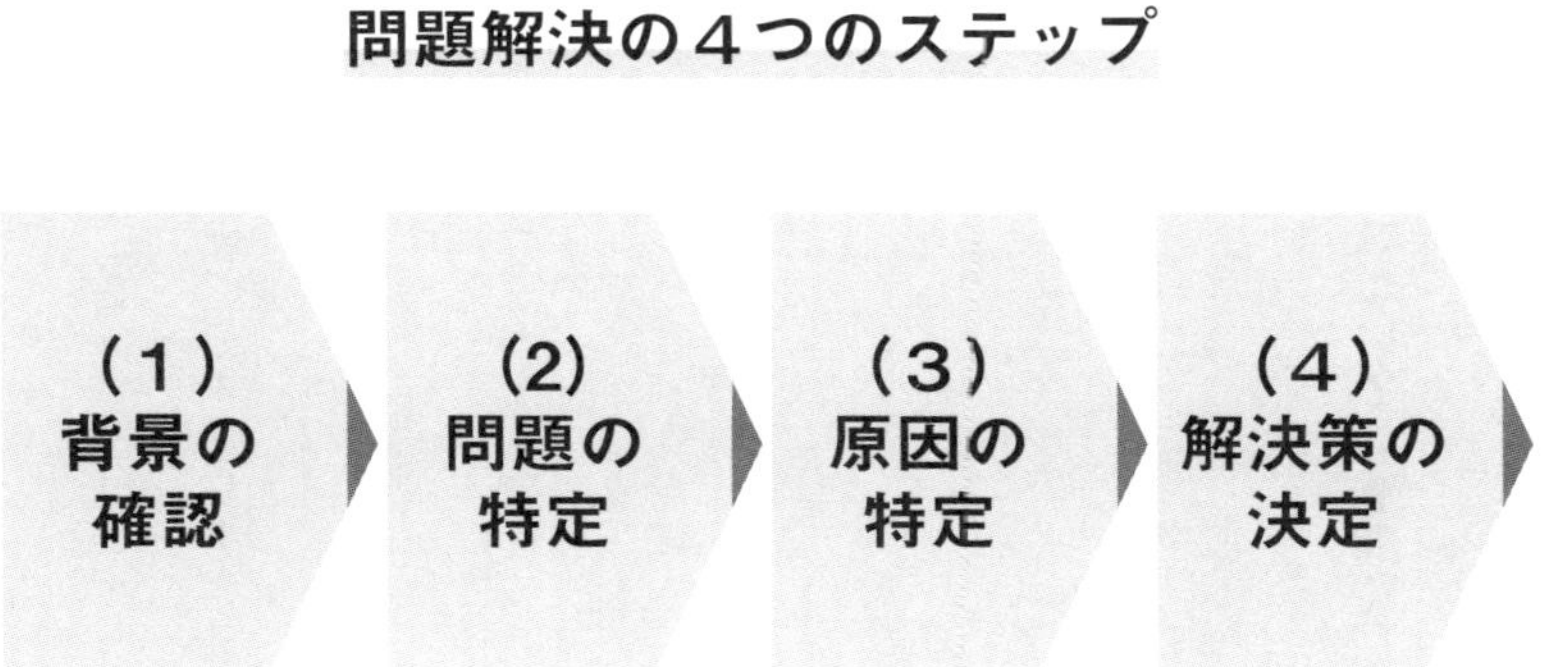

①相談にいたった背景について聞く

「お集まりいただき、ありがとうございます。私、桃太郎と申します。みなさんが鬼に困っているいまの状況をなんとか改善したいと思うんです。みなさんにお話を聞きたいのですが、まずはいま感じていることをざっくばらんにお聞かせいただけますか」

私が桃太郎だったら、この質問から始めると思います。

すると村人が、思っていることをぽつぽつと語り始めました。こんな被害があった、あんなひどいこともあった。じっくり聞いていると、最初は黙っていた村人も口を開いてくれるようになりました。

(2)問題の特定
~村人が何に困っているのかを洗い出してみた

②問題について聞く

村人が話してくれる雰囲気になったので、

「現状はいかがですか？　どんなことが起こっているのでしょう」と、**現状についての質問**をしてみました。すると、

「うちの金品はことごとく奪われてしまった」

「夜、大声で叫ぶので、うるさくて眠れない」

「隣の家の奥さんが、鬼に突き飛ばされてケガをした。あってはならないことだ」

と、いろいろ問題が出てきました。


今度は、「現状はいろいろとわかりました。では、『こうなったらいいなあ』と想像すると、何が思い浮かびますか？」と、村人の描いている**理想の状態についての質問**をしてみました。すると、

「うちは鬼の通り道なので、田畑がいつも荒らされてしまう。それさえなくなればいいのだが」

「家畜がたまにケガをしている。これはなくして欲しいなあ」

「共存共栄のようなことはできないものだろうか。ずっと昔はうちの村と鬼ヶ島は仲が良かったと聞いてるのだけど」

と、また別の問題が出てきました。中には解決のヒントにつながる話もありました。

さらに質問を繰り返してみると、もっといろんな問題が浮かび上がってきました。

桃太郎は出てきた問題を全部、紙に書き出してみることにしました。

・家に押し入る
・金品を略奪する
・家畜を傷つける
・人を傷つける
・食料品を奪う
・村の外塀《そとべい》を壊す
・田畑を荒らす
・家屋の一部を壊す
・大声で叫ぶ

これら一つひとつが具体的な「問題」です。

次に**問題を絞り込む質問**です。第1章で説明しましたが、**問題を絞り込むには「重要度」と「緊急度」で判断します**。重要度とは、どれだけ大きな問題か、ということです。緊急度とは、急いで手を打つ必要がどの程度あるか、です。その両方が最も高いものが解決すべき問題となります。

桃太郎は村人の意見を聞きながら、それぞれの問題の「重要度」と「緊急度」を判断していきました。

重要度が高いのは、「金品を略奪する」「人を傷つける」「田畑を荒らす」でした。村人にとっていずれも被害の大きい重要な問題です。これらが解決できれば、事態は大きく改善されます。

緊急度については「金品を略奪する」が最も高いということがわかりました。「人を傷つける」「田畑を荒らす」も、もちろんあってはならないことです。しかし鬼が人を傷つけるのは、金品を奪われまいとした村人を押しのけたりした時に限られるのです。また、田畑も、鬼が歩いた結果荒らされるということはありますが、荒らすことを目的としているわけではないようです。

以上から、重要度と緊急度がともに高い「金品を略奪する」を解決すべき問題として特定しました。金品を略奪することを防げれば、他の被害も結果的に防ぐことになるのではないか。桃太郎と村人はそう考えました。

桃太郎は、**問題を特定する質問**で、解決すべき問題について改めて村人に質問しました。

「総合的に判断すると、鬼が『金品を略奪する』ことが最優先で解決すべき問題だと思われます。今回はこれを解決するということで異存はありませんでしょうか?」

村人は全員、「そうだ」と答えました。

(3)原因の特定
～なぜ鬼が「金品を略奪する」のか、原因を特定してみた

問題が特定できたら、次は原因の特定を行います。ヒアリングの4つのステップの③に進みます。

③原因について聞く

「どうして、金品の略奪という問題が起きているのでしょうか？」、桃太郎の私は**問題を生み出している原因についての質問**をしてみました。

なるほど、いろんな意見が出てきました。しかし、思いつくままに原因を挙げていくと、話をしているうちにだんだん混乱してしまいます。

また、うまく原因を整理しておかないと「この原因は考えていなかった」「どの原因への対策なのか、わからなくなってしまった」ということにもなりかねません。

そこで、桃太郎の私は、村人のみなさんに問題を生み出している原因と思われることについて、付箋《ふせん》に書き出し、ホワイトボードに貼ってもらうことにしました（付箋とホワイトボードは、現実世界から私があらかじめ持ってきていました）。

すると、このワークは盛り上がって、以下のようにたくさんの原因が書き出されました。

「金に困っている」
「貴金属が好き」
「村の外塀が壊れやすい」
「鬼の力が強すぎる」
「銀製品を集めている」
「鬼に恨まれているのかもしれない」
「鬼ケ島はこのところの飢饉《ききん》で、食べ物に困っている」
「着飾るのが好き」
「鬼と話す機会がないので交渉ができない」
「わが村が他の村より裕福だから」
「鬼が食料を確保できていない」
「鬼の性格が悪い」
「暴れるのを止められない性質」
「金品の略奪を悪いと思っていない」

「村の防犯体制が弱い」
「鬼との平和的な交流がない」
「野菜の作り方を知らない」
「そもそも、鬼が村に入るのを防ぐ手立てがない」
「金品を食料に換えたい」

たくさんの付箋が書かれました。次に、整理するためにグループ分けをすることにしました。この方法は**ＫＪ法**といって、**いろんな情報やアイデアを出し合い分類整理する方法**です。文化人類学者の川喜多《かわきた》二郎氏がその著書において紹介したもので、氏のイニシャルにちなんでＫＪ法と呼ばれています。

ステップは大きく2つ。複数人による情報の書き出し↓分類・整理の順で行います。まずは付箋に思いつくことをどんどん書いていきます。だいたい出しきったら、似たものをグルーピングしながらホワイトボードや模造紙に貼っていき、貼り終えたら各グループに見出しをつける、という流れです。

桃太郎は「原因の特定」をした

たくさんの付箋が貼られた後は、似たものをグループ分けする。この方法をKJ法という。

桃太郎の私は、村人と話しながら付箋紙を分類して、アイデアをもらいながらグループ別にタイトルをつけていきました。そうすることで、各タイトルが原因の項目名となり、付箋紙がその具体的な内容となるのです。

【鬼の経済的な困窮《こんきゅう》】

「金に困っている」
「鬼ヶ島はこのところの飢饉で、食べ物に困っている」
「鬼が食料を確保できていない」
「野菜の作り方を知らない」
「金品を食料に換えたい」

【鬼との交流の不足】

「鬼と話す機会がないので交渉ができない」
「鬼との平和的な交流がない」
「鬼に恨まれているのかもしれない」

【鬼の趣味・嗜好】
「貴金属が好き」
「銀製品を集めている」
「着飾るのが好き」

【防犯体制の不備】
「村の外塀が壊れやすい」
「鬼の力が強すぎる」
「村の防犯体制が弱い」
「そもそも、鬼が村に入るのを防ぐ手立てがない」

【鬼の性格・性質】
「鬼の性格が悪い」
「暴れるのを止められない性質」
「金品の略奪を悪いと思っていない」

【村の裕福さ】
「わが村が他の村より裕福だから」

以上、原因を洗い出したら、**問題を解決するのに最も影響の大きいものを「対処すべき原因」として特定**します。

原因の特定においては、村人と一緒にタイトルづけしたグループの見出しが「対処すべき原因」の候補になります。

【「対処すべき原因」の候補】
「鬼の経済的な困窮」
「鬼との交流の不足」
「鬼の趣味・嗜好」
「防犯体制の不備」
「鬼の性格・性質」
「村の裕福さ」

以上の６つです。

桃太郎の私は、「対処すべき原因」はどれなのか、村人と侃侃諤諤《かんかんがくがく》、１時間議論をしました。

鬼と友好的な関係を築こうという立場と、防犯や撃退するべきだという立場で最初は対処すべき原因の支持が分かれたりもしましたが、話し合いを重ねることでようやく意見がまとまりました。

「総合的に判断し、『鬼の経済的な困窮』を対処すべき原因と特定します。持続可能性という観点から考えても、友好的な立場で支援をするべきだと思われます。鬼を退治する必要はないのではないでしょうか。今回はこの結論に異存はありませんでしょうか？」

そう私が問いかけると、村人は全員、「そうだ」と答えました。

（４）解決策の決定
〜桃太郎は、村人と議論を重ね４つの解決策を考えた

今回は村人とディスカッションする時間を充分とれたので、対処すべき原因までしっかりと聞くことができました。残るはヒアリングの４つのステップ④です。

桃太郎は思った。

「鬼を退治する必要はないんじゃないか？」

④解決策について聞く

まずは解決策についての質問です。桃太郎の私は、村人に尋ねました。

「問題と原因については、よくわかりました。解決すべき問題は『金品の略奪』、対処すべき原因は『鬼の経済的な困窮』ですね。この原因への解決策として、何か村側でできることはありそうですか？」

ある村人が言いました。

「金を渡す、というのは無理だと思うが、畑作りを教えることならできる」

別の村人たちもこんなことを言ってくれました。

「鉱山を掘ったり、そこから銀や銅を取り出す技術を教えたりできるかもしれん」

「近年は村全体で馬鈴薯《ばれいしょ》が大豊作でな、鬼に分けることもできるぞ。当面の飢えはしのぐことができるじゃろう」

うれしいことに前向きなアイデアがいろいろ出てきました。

「じゃあ、これも、付箋に書いてみましょうか」

原因を考えた時と同じように、「鬼の経済的な困窮」への解決策案を付箋に書き出し、ホワイトボードに貼ってもらうことにしました。

このワークも盛り上がり、以下のようにたくさんの解決策案が書き出されました。

「馬鈴薯を分けてあげる」
「耕作用の牛を貸し出す」
「猟の罠《わな》作りを教える」
「村の道路整備を手伝ってもらい、手当を支払う」
「文化交流をする」
「鬼ケ島への定期船を出し、交易をする」
「銀山の掘り方を教える」
「養蚕《ようさん》を教える」
「一定の金品を納める」
「小学校を作る」
「米を分けてあげる」
「酪農を手伝ってもらい、手当を払う」
「職業訓練校を作る」
「治水事業を一緒にやる」

「各地で鬼ごっこの鬼の役を演じ、手当をもらう」
「鬼劇団を作り、各地を巡業する」
「新政府を樹立する」
「畑仕事を手伝ってもらい、手当を払う」
「稲作を教える」
「鬼ヶ島を観光地化する」

桃太郎の私は、村人と話しながら付箋紙を分類し、解決策のグループ別にタイトルをつけていきました。

【物品・金銭の提供】
「馬鈴薯を分けてあげる」
「米を分けてあげる」
「一定の金品を納める」
「耕作用の牛を貸し出す」

【技術供与】
「猟の罠作りを教える」
「銀山の掘り方を教える」
「養蚕を教える」
「稲作を教える」
「鬼劇団を作り、各地を巡業する」

【雇用】
「村の道路整備を手伝ってもらい、手当を支払う」
「酪農を手伝ってもらい、手当を払う」
「畑仕事を手伝ってもらい、手当を払う」
「各地で鬼ごっこの鬼の役を演じ、手当をもらう」

【事業創出】
「治水事業を一緒にやる」
「鬼ヶ島を観光地化する」

【教育支援】
「小学校を作る」
「職業訓練校を作る」

【交流】
「文化交流をする」
「鬼ヶ島への定期船を出し、交易をする」

【その他】
「新政府を樹立する」

以上、20ほどの対策案を7つのグループに分類することができました。これから鬼と長く友好関係を続けるうえでも、この7つのカテゴリーに分けて支援策を考えることで検討が散漫《さんまん》にならずに済みそうです。

桃太郎の私は尋ねました。「たくさんの案をありがとうございます。こちらを含め、私の案も合わせて個別に確認・精査し、実行する解決策を提案して良いでしょうか?」。村人は了解してくれました。

納期と予算についての質問も忘れずに。

納期については、「鬼がいつまでに経済的な困窮を抜け出すことを目指すか」の期限ということになります。そのため、「鬼の経済的な困窮からの脱出を、いつまでに達成すれば良いでしょう？」と村人たちに尋ねました。すると、村長が口を開きました。

「馬鈴薯の豊作はいましばらく続きそうじゃし、3年ほどは鬼に分け与えることができるじゃろう。だが、3年後はどうなるかわからん。それまでに自立して欲しい」とのこと。

「では、鬼が経済的困窮から抜け出す時期の目標は3年後、ということですね。わかりました。予算はどう考えましょうか？」

とさらに質問しました。村長は、

「馬鈴薯は、鬼が必要なだけ提供してさしあげよう。そのほかの費用については、一時的に村が負担することになっても、長期的に返済してくれることで最終的に帳消しになればそれでいい。手間も金もかかることだが、助け合いじゃ」と答えました。

なんとありがたい言葉でしょう。これで納期と予算についての確認もとれました。ヒアリングの４つのステップをすべて聞き終えたことになります。

最後に、すべてのステップを通じて言い忘れていることがないか、村人たちに改めて尋ねました。すると、ある村人がこう言いました。

「話し合って感じたことだが、目先の施しで助けるよりも、将来的に鬼たちが自立できるように考えたほうが良いんじゃなかろうかと思う。みんな、どうだろう」

その意見に、村人たちは全員「そうだ」と答えました。

聞くべきことはすべて聞けたと判断し、この時点でヒアリングを終了としました。

今回は活発なディスカッションや付箋ワークを行うことができたので、とても多くの有意義な情報を集めることができました。第１章「ヒアリングの進め方」でお伝えした質問については、もし可能ならばこのようにディスカッションやワークをしながら進めると良いでしょう。

桃太郎の私は、おじいさんとおばあさんが待つ家に帰り、解決策を提案するプレゼンのストーリーを作ることにしました。解決すべき問題と対処すべき原因は特定できています。あとは村人からもらったたくさんの解決策案をもとに、絞り込んで実行するものを決定し、費用を算出し、実行スケジュールを立てればストーリーは完成します。

実行する解決策を決めるには**「効果」「実現性」「費用」**の3つの視点で評価します。

効果…対処すべき原因に対して、どの程度効果があるか
実現性…必要とする労力や時間から見てどの程度実施しやすいか
費用…かかる費用はいくらか、予算内に収められるか

この3つの項目で比較し、提案すべき解決策案を決定していきます。解決策を評価・比較する際には、一覧表を作成すると良いです。具体的には、解決策案を縦軸に、効果、実現性、費用を横軸に設定し、それぞれを4段階（◎、○、△、×）で評価します。その結果を比較し、総合評価の高いものを選定します。実施基準としては、「3項目すべてが○以上」をクリアすることを条件としました。

実行する解決策の数に決まりはありません。実施基準をクリアし、納期と予算の範囲内であれば複数実行が可能ですから、提案したうえで意思決定者と最終的な合意をとりましょう。

それでは、基準をクリアした解決策を見ていきましょう。

解決策案を3項目、4段階で評価する

解決策案を、「効果」「実現性」「費用」の3項目において、◎、○、△、×の4段階で評価した。実施の基準は3項目とも○以上のものであることとする。

解決策案		効果	実現性	費用	総合評価
物品・金銭の提供	馬鈴薯を分けてあげる	○	◎	○	実施
	米を分けてあげる	○	△	△	
	一定の金品を納める	○	△	△	
	耕作用の牛を貸し出す	△	△	○	
技術供与	猟の罠作りを教える	○	◎	○	実施
	銀山の掘り方を教える	○	△	○	
	養蚕を教える	○	△	○	
	稲作を教える	○	△	○	
	鬼劇団を作り、各地を巡業する	△	△	△	
雇用	村の道路整備を手伝ってもらい、手当を支払う	△	△	○	
	酪農を手伝ってもらい、手当を払う	△	×	○	
	畑仕事を手伝ってもらい、手当を払う	△	×	○	
	各地で鬼ごっこの鬼の役を演じ、手当をもらう	×	×	○	
事業創出	治水事業を一緒にやる	○	△	△	
	鬼ヶ島を観光地化する	◎	○	○	実施
	こぶとり専門病院を作る（桃太郎発案）	◎	○	○	実施
教育支援	小学校を作る	○	△	△	
	職業訓練校を作る	○	△	△	
交流	文化交流をする	△	△	○	
	鬼ヶ島への定期船を出し、交易をする	○	×	×	
その他	新政府を樹立する	?	×	×	

「物品・金銭の提供」分野の「馬鈴薯を分けてあげる」という解決策案については、経済的な困窮状態をまずは食料面で救済する効果が期待できます。実現性についても現在の村の状況を考慮すれば問題はありません。費用についても、現状はとれすぎて余っている状態なので実質的にはゼロ、です。つまり3つの視点でいずれも高評価となります。

「技術供与」分野の「猟の罠作りを教える」という解決策案は、村に熟達した教え手が豊富にいるということが強みです。そのため鬼に早期の技術習得が期待できること、教える側の村人もボランティアで協力してくれることから3つの評価軸で良い評価となりました。

「事業創出」分野では「鬼ケ島を観光地化する」「こぶとり専門病院を作る（桃太郎発案）」の2つの解決策案を推すことになりました。

「鬼ケ島を観光地化する」については、実際に桃太郎の私が鬼ケ島に潜入視察したところ、雄大な大自然や豊かな野生動物に魅了されたため、ぜひ実現したいと考えました。観光資源をPRし、観光客を呼び込めば経済的困窮に対して大きな効果が期待できます。実現性についても、極力自然そのままを利用することで問題ありません。費用は宿泊施設の整備に初期投資がかかりますが、回収可能で総合的には実施したい解決策です。

「こぶとり専門病院を作る（桃太郎発案）」については、村人からは出なかったものの、桃太郎の私が「こぶとり爺さん」をヒントに発案しました。鬼のこぶとり技術を調べたところ、その精度は非常に高く、傷跡も残さずにこぶを除去する技術を持っていることがわかりました。ほぼ独占事業となるため、大きな売上が見込めます。よって効果は高評価。鬼の古城をほぼそのまま病院施設として活用できることから、実現性、費用も良い評価となりました。

こうして、すべての解決策案を3項目・4段階で評価し、実行する解決策を決定しました。それぞれの解決策の実施スケジュールと費用の総額もまとめました。提案する解決策は以下の通りです。

①馬鈴薯を分けてあげる　②猟の罠作りを教える　③鬼ヶ島を観光地化する　④こぶとり専門病院を作る（桃太郎発案）

これが、桃太郎の私が提案する解決策です。

最初はどこか重苦しい雰囲気だった村人たちへのヒアリング。そして、村長のありがたい言葉。それらを思い出し、私は胸が熱くなっていくのを感じました。

きっと彼らはこの提案を受け入れてくれるだろう。そんな気持ちがわいてきました。

空が明るくなってきました。桃太郎の私は、村に持ち込んでいた発電機を止め、接続したPCの電源を落とし、眠りについたのでした。

ここまでが、「解決策の決定」のご説明のすべてでした。

ちなみに、後日談ですが、村人はこの提案を受け入れてくれました。

すぐに使節団が結成され、米や馬鈴薯、その他たくさんのお土産を携えて鬼たちにプレゼンをしに行きました。その場で、鬼たちは感激し、涙を流して喜んでくれました。そして、具体的な対策の実行に向けてプロジェクトチームが正式に発足することになったのです。

「本当は、仲良くしたかったんですよね」

発足式の場で私は尋ねました。

鬼も村人も、声を合わせて「そうだ」と答えました。

村人と一緒に問題の解決に取り組んだら、「鬼との共存共栄」という違う形の物語が生まれたのです。

桃太郎の私が行った「問題解決ストーリーの４つのステップ」

（１）背景の確認

桃太郎は、「みなさんがいま感じていることをざっくばらんにお聞かせいただけますか」と相談にいたった背景を聞いた

（２）問題の特定

桃太郎は、「鬼が金品を略奪する」ことが最優先で解決すべき問題であると、特定した

（３）原因の特定

桃太郎は、対処すべき原因の候補を６つ挙げ、「鬼の経済的な困窮」を対処すべき原因と特定した

(4)解決策の決定

桃太郎は、20ほどの対策案を７グループに分類し、「効果」「実現性」「費用」の３視点で評価し、「馬鈴薯を分けてあげる」などの４案を解決策として決定した

鬼ヶ島にプレゼンに行ってみた

第3章

資料の作り方

～わかりやすくシンプルなデザインの資料を用意する

対話するプレゼンのための資料とは

ストーリーを考えたら、次に資料作りです。これまで、桃太郎の物語を例に問題解決ストーリーを説明してきましたが、ここからは現代に戻り、ビジネス現場のケースをもとに解説していきます。

この章では、シンプルで実践的な「対話するプレゼン」の資料についての考え方や作成方法についてお伝えします。

1 「対話するプレゼン」の資料はどこが違うのか

(1)シンプルなデザインと構成にする

①デザインに凝りすぎない

「対話するプレゼン」では、あえてデザインのシンプルさを重視しています。

みなさんもプレゼンの現場でご覧になったことがあると思います。資料全体に□や○、△がぎつしり並び、その図形の中に文字をぎゅうぎゅうに入れすぎて、そもそも文字が読めなくなっているケース。

また、文字を斜体や太字にするだけでなく、それらの効果を同時に使用してしまい、どの情報が重要なのか逆にわからなくなってしまっていることも少なくありません。

文字や図形といったいろんな要素や装飾（文字や図形の飾りつけ）の過剰な資料は、せっかく考えたストーリーや伝えたい言葉が、かえって伝わらないのです。それでは逆効果ですし、労力が無駄になってしまいます。

必要最低限でかまいませんし、そうすべきなのです。

対話するプレゼンにおける資料デザインの基本的な考え方は次のようなものです。

- 1ページに1メッセージとする
- 文章でまとめず、箇条書きにする
- 文字をむやみに強調しない
- 色を使いすぎない
- 図形を使いすぎない

・あえて余白を作る

また、具体的なデザインのやり方については「対話するプレゼンにおける資料デザインのルール」としてまとめました。いろんな要素や装飾が混ざるとかえってわかりにくくなるため、最低限を意識してこのようにしています。

これらのルールを守るだけで、資料はかなりすっきりしたデザインになり、ストーリーや言葉がストレートに伝わるものになります。

②構成を複雑化させない

構成についても同じです。**ロジックに凝りすぎると、かえってわかりづらくなる場合があります。**

昔、私が読んだ推理小説の中に、「きっと緻密に組み上げられたトリックではあるのだろうけれど、その複雑さが自分の脳のキャパシティを完全に超えてしまった」というものがありました。あまりに複雑で、結局そのトリックの全貌が理解できず、ついていけない自分のアタマの出来に悲しくなったことをいまでも覚えています。

プレゼン資料も同じです。

対話するプレゼンにおける資料デザインのルール

【配置】

☑ 本編ページでは、ページタイトル、要点、詳細の３つを上から順に配置する

☑ 文字以外の要素（表やグラフなど）は1ページに原則1つ、多くて２つとする

【色使い】

☑ 文字やグラフの色は文字色含め3色まで（写真やイラストは除く）とする

☑ 会社の指定色（テンプレートなど）がある場合にはそれに準拠する

【文字】

☑ 文字の大きさは1ページに３種類までとし、階層ごとに使い分ける

☑ 文字の装飾は太字のみとし、下線や斜体は使用しない

☑ 文字のフォントは1種類とする

☑ 文字はむやみに図形で囲まない

☑ 文字に影はつけない

☑ 文字の行間隔は詰めすぎず1.2～1.3倍とする

【表】

☑ 表は黒もしくはグレーの罫線のみで書き、項目名の欄と強調部分のみを変える

☑ 表の中での文字の表示位置を統一する（左揃え、中央揃えなど）

【図形】

☑ 図形で文字を囲む場合は縁取りやグラデーションを使用しない

☑ 図形の形は1ページに1種類とする

☑ 図形に影はつけない

【背景】

☑ 白を基本とする

☑ 写真は使わない（デザイン難易度が高い）

「現状における問題は2つあります。そのうち、1番目の問題には主な原因が3つあり、さらにその原因の1つについて具体例を2つ挙げます。そして、その最初の具体例には3つのポイントがあります」

こんな複雑な構造で書かれてしまうと、相手のアタマは完全にオーバーフローを起こします。後で詳しく述べますが、たとえば**本編ページにおいては「ページタイトル」「要点」「詳細」の3階層にとどめるようにしましょう**。

(2)「対話」の余地を持たせておく

①プレゼン時間には1/3の余白を作っておく

プレゼンのための貴重な時間。その価値を最大限に活かそうとする思いから、プレゼン時間ぎりぎりで説明が終わるような、情報をぎっしり詰め込んだ資料を作ってしまう方もいます。このような資料は、せっかくの機会を無駄にしたくないという真剣な気持ちの表れでもあります。

しかし、時間いっぱいに早口でようやく話しきるようなボリュームの情報を詰め込んでしまうと、聞き手にはかえって伝わりづらくなります。「矢継ぎ早にいろいろ話されたけど、結局、何を言いたかったんだろう……」と思われてしまい、プレゼンが残念な結果に終わることも多いのです。

対話するプレゼンでは「プレゼン時間に1/3の余白を作っておく」が鉄則です。たとえばプレゼンの持ち時間が30分であれば、1人で読み上げて20分で終わる内容にまとめます。残りの10分は、相手との対話や質疑応答、またはプレゼンの中の「間」を作る時間として使います。この余白があることで、プレゼン中に相手と充分に対話し、疑問や不明点をその場で解消することができるのです。

資料は欲張らず、1/3の時間的な余白が出るように作る。その習慣をつけましょう。

プレゼン時間には1/3の余白を作っておく

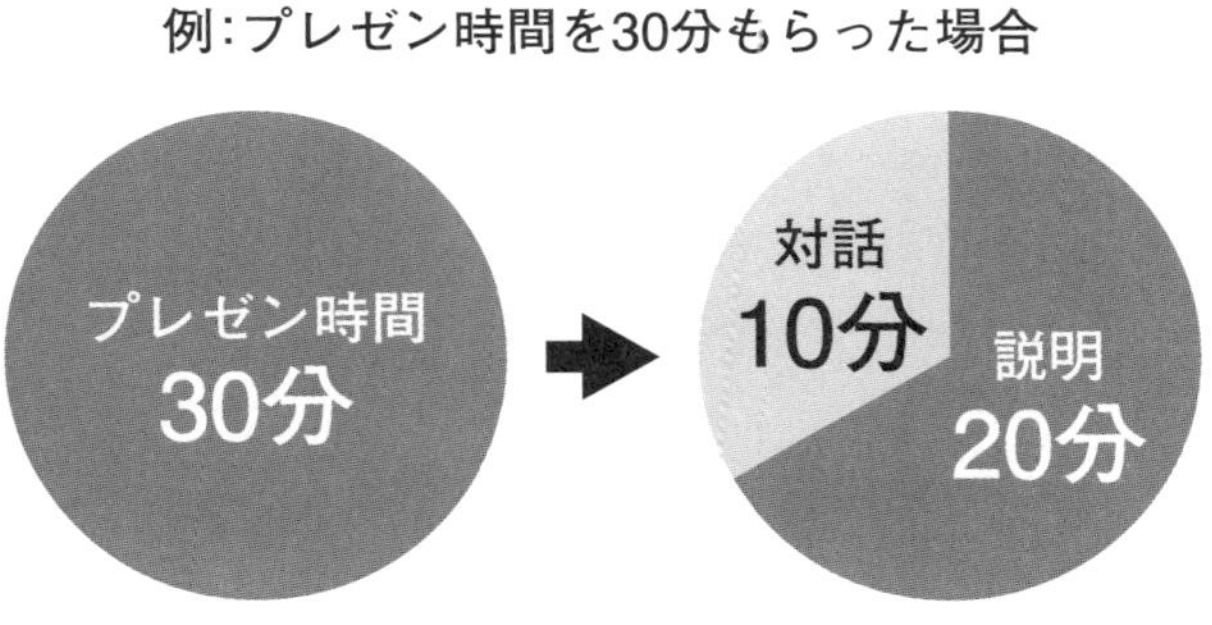

（3）「?」が生まれない表現、言い回しをする

人のプレゼンを聞いていると、**疑問や不明点などの「?」が生まれる瞬間**があるものです。

たとえば、「書いてある文章の意味がよくわからない」「話の筋がわかりにくい」など。「?」が1つ増えるたびに、相手はそれに気を取られ、プレゼンの**「いま、聞くべきこと」**に集中できなくなっていくのです。

まずは資料について、できる限り「?」が生まれないようにしておきましょう。

①あいまいな表現をしない

解釈に複数の可能性が生じるような、もしくは判然としない表現は避けましょう。

たとえば「対策AとBまたはCを実施する」と書いてある場合、2通りの意味にとることができてしまいます。

「対策AとBを実施する、もしくは対策Cを実施する」の意味なのか、それとも「対策AとBを実施する、もしくは対策AとCを実施する」の意味なのかがあいまいで、わかりません。

もし前者であるならば、「対策AとBを実施する、もしくは対策Cを実施する」と書き直すと、より明確になります。このように、あいまいな表現を避け、意図を正確に伝えるよう心がけまし

よう。

②同じことを表すのには必ず同じ言葉や言い回しを使う

たとえば、あるページでは「問題」と書き、別のページでは「課題」と書いてある場合、相手は「違う言葉が使われているということは何か意図があるのだろうか？」と考えてしまいます。キーワードの表現は決めておき、資料全体で統一することが重要です。

③「秘伝のタレ」をそのまま使用しない

会社には、長年にわたり代々の担当者や他の社員が手を加えてきた「使い回し」の資料が存在しているものです。このような資料は、あちらで使われ、こちらで修正されているうちにフォントやレイアウト、文体がバラバラになってしまうことが少なくありません。使っている当人たちには違和感はないかもしれません。しかし、これを初めて目にする人にとっては、非常に見づらい資料となってしまいます。

プレゼン資料には「統一感」が必要です。ページごとのレイアウトやフォントがバラバラだと、めくるたびに「えーと、このページはどう見るのだろう？」と戸惑い、ストレスを感じることでしょう。

特に社外に出す資料の場合には必ず統一感に気を配りましょう。

2 対話を生み、迷子にさせない資料の作り方

対話するプレゼンでは、**相手に問いかけながらプレゼンを行い、相手の答えを受けとめながらさらに進めていきます**。その過程で、本筋から少し離れてしまうこともあります。そんな時に大切なのは、迷子にならず**「最終的には必ず本筋に戻る」**ということです。

ここから、具体的な資料の作り方をご説明していきます。プレゼンの資料には、３つの基本ページがあります。**「タイトル」「目次」「本編ページ」**です。それぞれが、相手を迷子にさせない重要な役割を担っています。

タイトルは、「あれ、そもそも何の話だったっけ？」と思った時に役立ちます。タイトルを見ることで戻れます。

目次は、「いま、全体のどのあたりを話していたっけ？」「全体はどんな構成だったたっけ？」と感じた時に役立つ道しるべです。

本編ページは、「ところで、いま何の話だっけ？」と思った時に見れば具体的な内容がわかります。

以上が3つの基本ページです。また、資料のページ数が多くなった場合には、**「中扉」**を追加することも有効です。ページ数が多い資料の場合にストーリーの切り替わりをより明確に伝え、ペースを整える役割を持ちます。

これらのページの作り方について一つひとつ見ていきましょう。

また、より完成度の高い資料を作るための**作成の手順**についてもあわせてご紹介します。

(1)タイトルは「目的(何のために)」「提案(何をする)」を示す

まずは資料のタイトルです。タイトルは、あなたが考えた問題解決ストーリーの全容を最初に伝える文字情報です。「何の問題をどういう形で解決するのか」をはっきりとイメージしてもらう必要があります。
タイトルには、「目的（何のために）」「提案（何をする）」の2つを必ず盛り込みましょう。タイトルが明確であれば、相手はプレゼン全体の方向性を把握しやすくなります。

実際の研修やコンサルティングの現場では、「○○について」といったシンプルすぎるタイトルを見かけることが多いですが、これでは目的や内容があいまいで伝わりにくいのです。タイトルは、相手に瞬時に資料の全体像を伝えるための第一歩であり、

タイトルには目的（何のために）と
提案（何をする）の２つを盛り込む

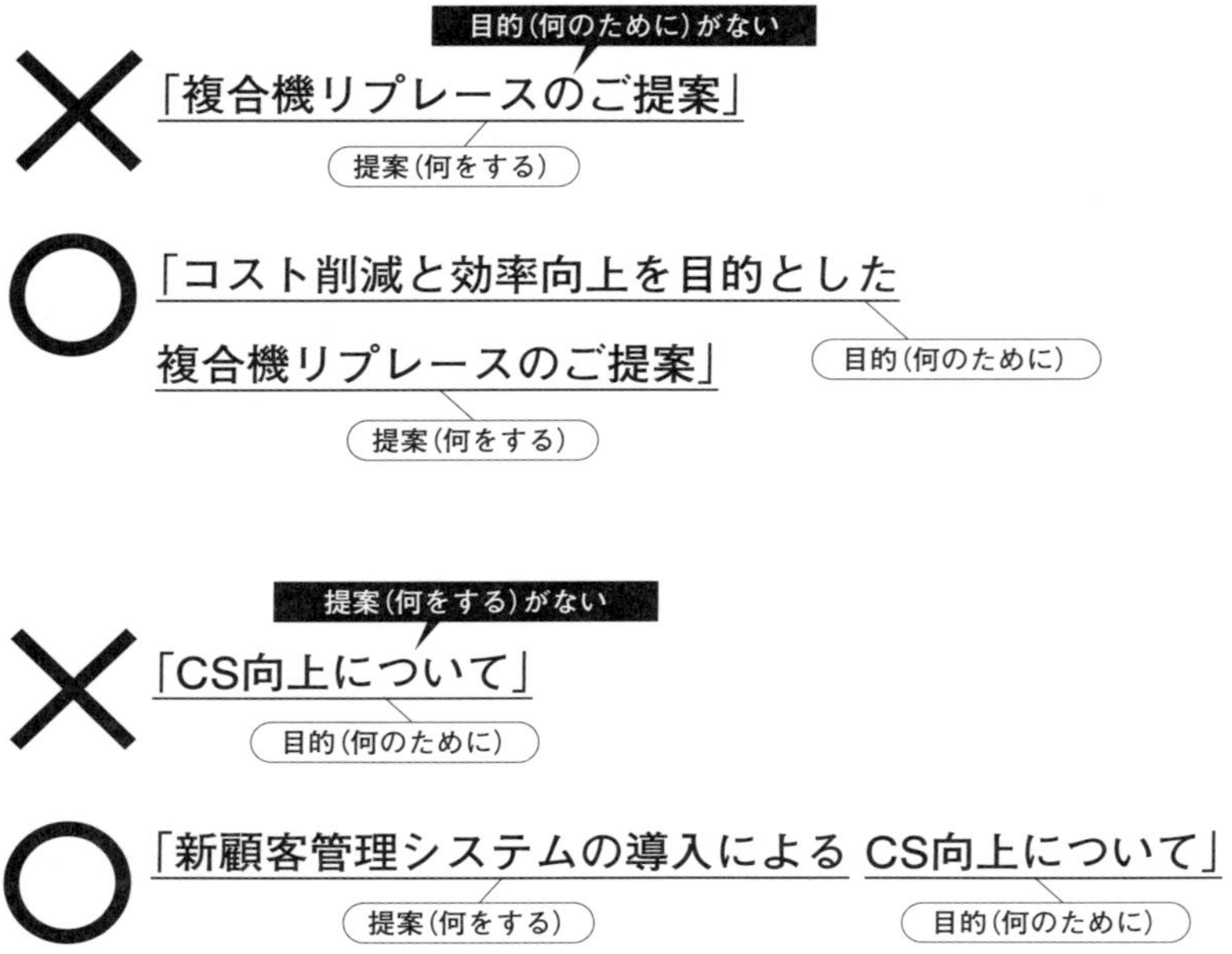

その重要性は非常に高いのです。

このように、「何のために」「何をする」の両方を入れるとわかりやすくなります。

タイトルの長さは、30文字程度までを目安にすると良いでしょう。短く凝縮されたタイトルは洗練されて見える一方で、抽象的になりすぎて内容が伝わりにくくなる場合もあります。そのため、見た目の格好良さだけを追求するのではなく、何よりも「わかりやすさ」を優先することが重要です。

(2)目次で問題解決への「道のり」を伝える

目次は、**タイトルよりもさらに詳しく、具体的**

表紙もタイトルもシンプルに見せる

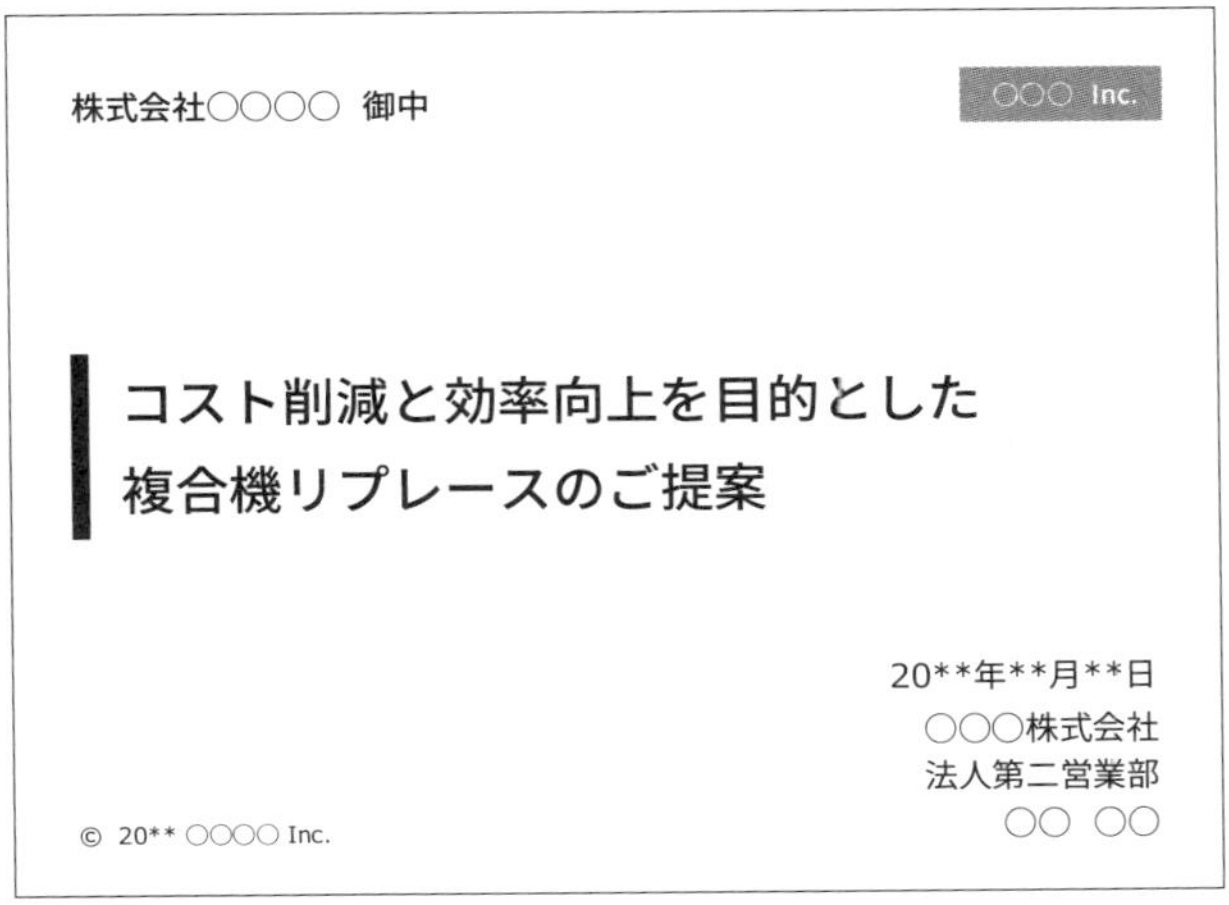
株式会社○○○○ 御中
○○○ Inc.
コスト削減と効率向上を目的とした
複合機リプレースのご提案
20**年**月**日
○○○株式会社
法人第二営業部
○○ ○○
© 20** ○○○○ Inc.

に資料の内容を説明するものです。タイトルがプレゼンの目的地だとすれば、**目次はそこへいたる道のりを示す案内図のような役割を果たします。**

実際、多くのお客様のプレゼン資料を拝見していると、目次が添付されていない資料に出合うことがありますが、目次は必ずつけるべきです。ここでは、目次を作成することで得られる４つの効果をお伝えします。

①ストーリーを整理できる

目次は、資料の各ページのタイトルを並べたものです。これを整理する過程で、話し手自身がストーリーの流れを整理し、全体像を把握することができます。また、網羅すべき項目の抜け漏れをチェックすることにも役立ちます。目次を作成することは、話し手にとっても準備の質を高める重要なステップになるのです。

②資料の内容を最初に把握してもらえる

プレゼン本番の冒頭で全体のボリュームや各項目の内容を示すことで、全体像を把握しやすくなり、聞き手は心づもりをして話を聞き始めることができます。

③どの部分の説明を聞くのか、選んでもらえる

目次があることで、「先に目次を確認して、聞きたい部分を指定する」「重要性の低い部分やすでに知っている内容は省略してもらう」といった柔軟な進行が可能になります。この柔軟性によって、聞き手のニーズに合わせた効率的なプレゼンが実現し、限られた時間を有効に活用できるようになります。

④「いまどのあたりか」を確認してもらえる

「この話はあとどのくらい続くのだろう?」「このページは全体の中でどういう位置づけなんだろう?」といった疑問が浮かぶと、聞き手の集中力は途切れてしまいがちです。その時、目次があれば、ひと目で現在の位置を確認することができ、迷いなく話に戻ることができます。

目次をつけていると相手も迷子になりにくい

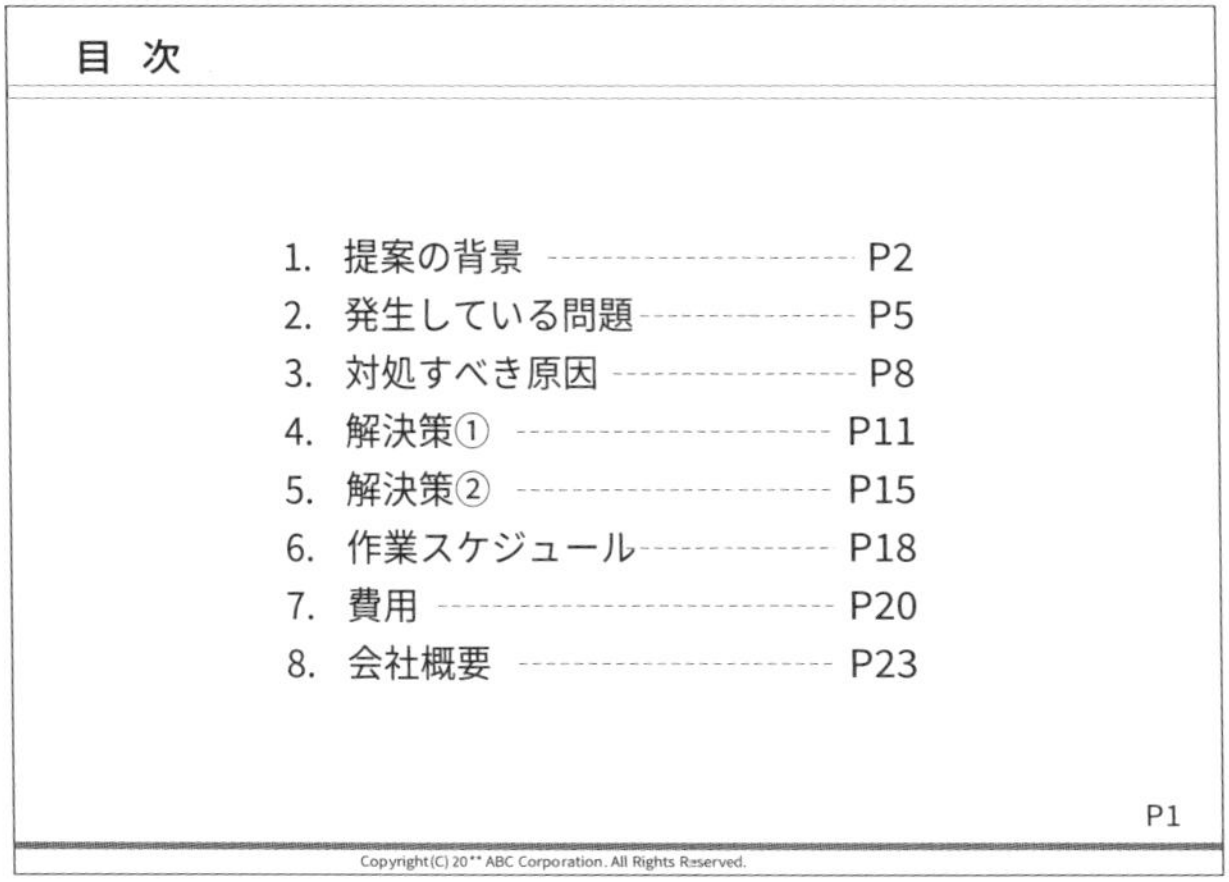

たった1枚のページですが、このようにいろんな効果がありますから、目次を作成する習慣をつけましょう。

以下に、実際の資料での目次例をご紹介します。

ページタイトルと、それに対応するページ番号を必ず書くようにしてください。

(3)本編ページは「ページタイトル―要点―詳細」の構成を守る

本編ページは「ページタイトル―要点―詳細」の構成を守ることをおすすめします。

これには3つの効果があります。

①各ページの内容が整理できる

作成段階で、各ページにおいて「つまり何を言いたいのか」が明確でない場合、話し手自身も内容を整理できていないということです。この状態では、本番でしどろもどろになってしまいかねません。どの部分でも「何を言いたいか」を資料の作成段階で整理しておくこと。歯切れの良いプレゼンにつながります。

②「つまり」から伝えると安心してもらえる

プレゼン中に「いま、何の話をしているのか」「結論は何なのか」がなかなかわからないと、相手はストレスを感じます。要点で最初にそれを明確にすることで「いまはこの話だ」と安心して聞いてもらえます。

③プレゼンの時間を有効に使うことができる

相手が要点まで聞いて充分に理解できれば、詳細は省略できます。「ここはもう大丈夫なので、次をお願いします」と言えば良いのです。プレゼンは相手の貴重な時間を使うものです。時間の使い方の選択権をできる限り相手に委ねることが大切です。

以上の効果を踏まえて、本編ページを作成していきます。

ただし、本編ページにおける「ページタイトル」と「要点」の書き分けについては注意が必要です。起こりがちな、良くない例を挙げます。

ページタイトル：「1．提案の背景」
要点：「提案の背景について以下に述べる」

このように、ページタイトルと要点がほぼ同じ内容になってしまうと、要点の役割が果たされず、意味がありません。要点は「事前のヒアリングにて、今回のお声がけの背景は以下の3点と認識しております」

または

「今回のお声がけの背景は『CI刷新の浸透』『商機拡大』『コスト削減』を目的としたものであると認識しております」

本編ページは3階層で作る

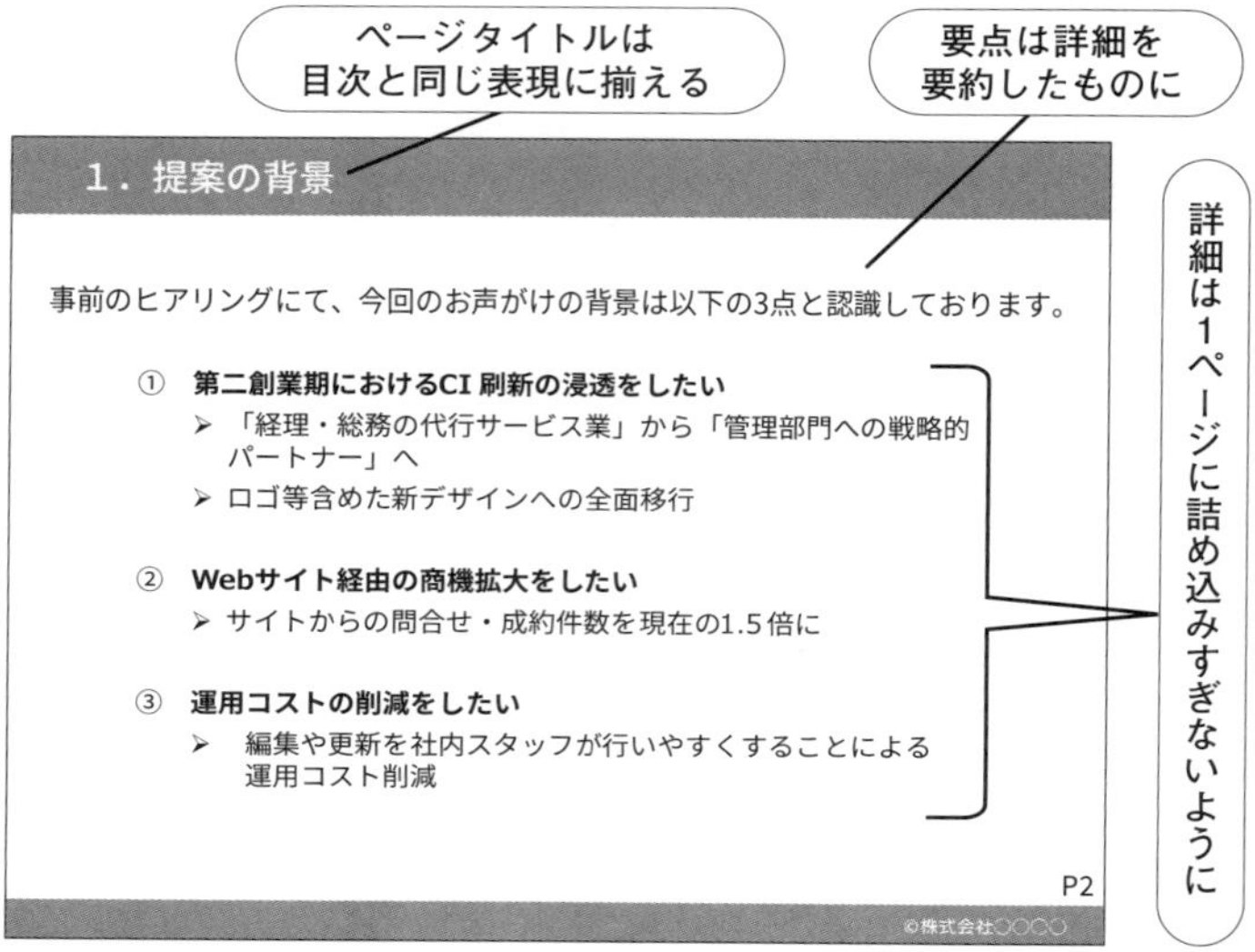

など、**要点は詳細を簡潔に要約した形で書く**ことが大切です。

また、**詳細は詰め込みすぎないこと**です。細かい内容は口頭で補足説明をするため、「詳細」部分においてこと細かに説明する必要はありません。資料には、1つの小項目について箇条書きで2行程度に収まる簡潔な説明を心がけましょう。

(4)ページ数が多い時は中扉を入れる

中扉とは、目次の各項目ごとに設ける見出しページのことです。特にページ数が多い資料では中扉をつけましょう。

第6章「問いかけと受けとめ」で詳しくご説明しますが、対話するプレゼンでは「ここまでで、気になるところや不明点はないでしょうか」と問いかけていくことが必要です。

プレゼンを山登りに例えると、中扉は、メンバーがはぐれていないか、不安を抱えている者はいないかなど、コンディション確認のための休憩所のようなものです。これがあると、相手にも「ここで、章が切り替わるのだ。次に進むんだ」という意識を持ってもらえます。

また、中扉を使うと、資料がペース配分してくれるという効果もあります。その場で臨機応変に間をとろうとしても、緊張などでなかなかうまくいかないことがあります。あらかじめ資料にメリハリをつけておくと、その場で自分の資料から「ここで、間をとれよ」と指示出しをしてもらえる効果があるのです。

ちなみに、資料のページ数に明確な制限はありません。ボリュームの少ない提案であれば10ページ以下で済みますが、大規模な案件だと数十ページに及ぶこともあります。その場合でも無理に圧縮してページ数を減らそうとする必要はありません。詰め込んで無理にページ数を少なくするよりは、1ページ1ページに適切な量の情報をまとめることのほうが大切です。

ページ数が多い時には中扉を入れる

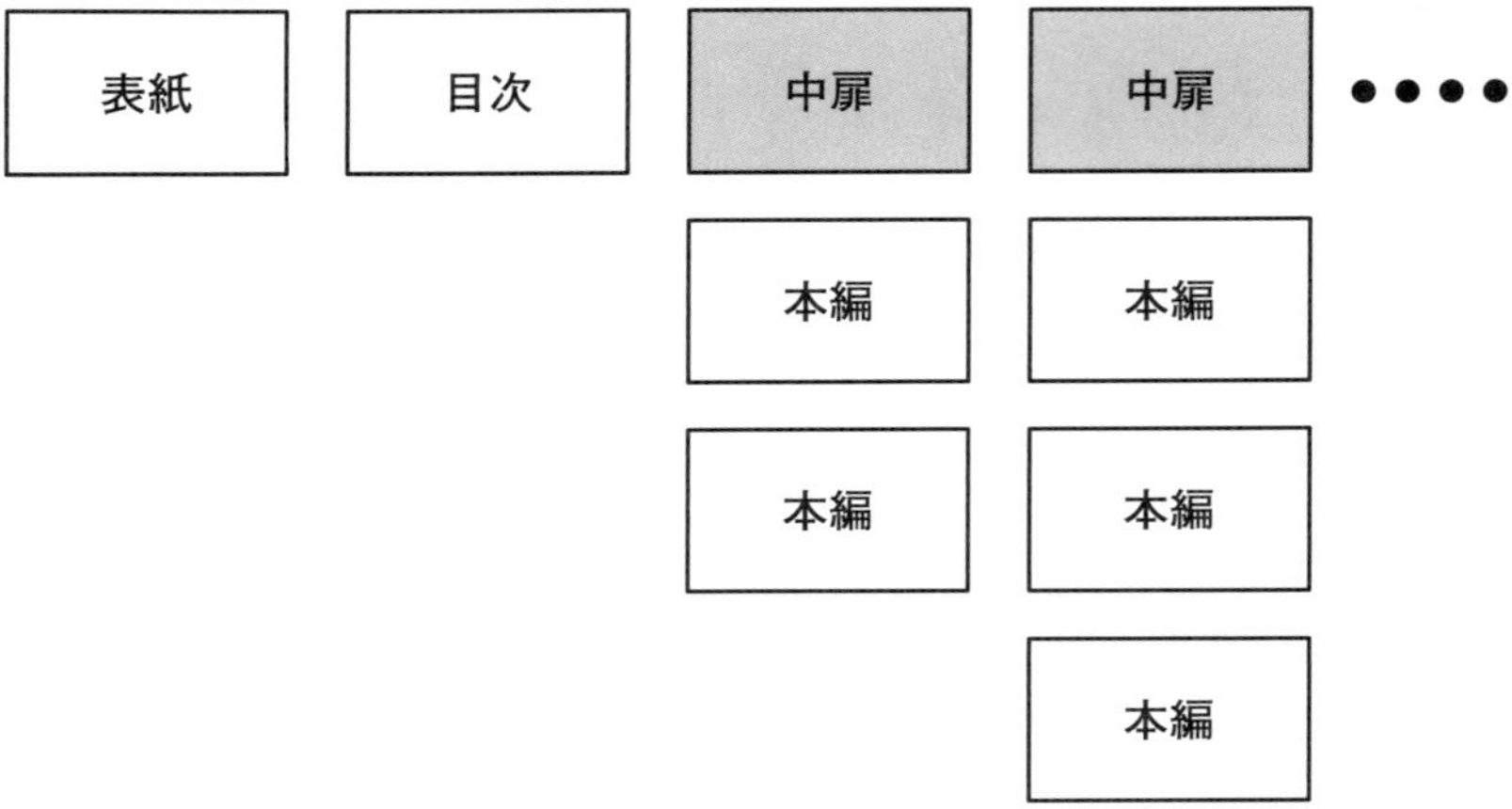

中扉には、例のように、目次と同じ内容を掲載し、該当するページを目立たせると良いです。いま、どの位置かということもひと目でわかります。他のページの文字色を薄くし、該当ページを太字で強調すると良いでしょう。

(5) 資料は大枠から作り、完成したら第三者に見てもらう

資料を作成する手順もご紹介しましょう。**最初から1ページ目を細かく作り込むのではなく、全体の流れを考えながら進めていきます。**

以下に、パワーポイントなど資料作成用ソフトを使った場合の基本的な手順をご紹介します。

中扉で現在位置を示すと良い

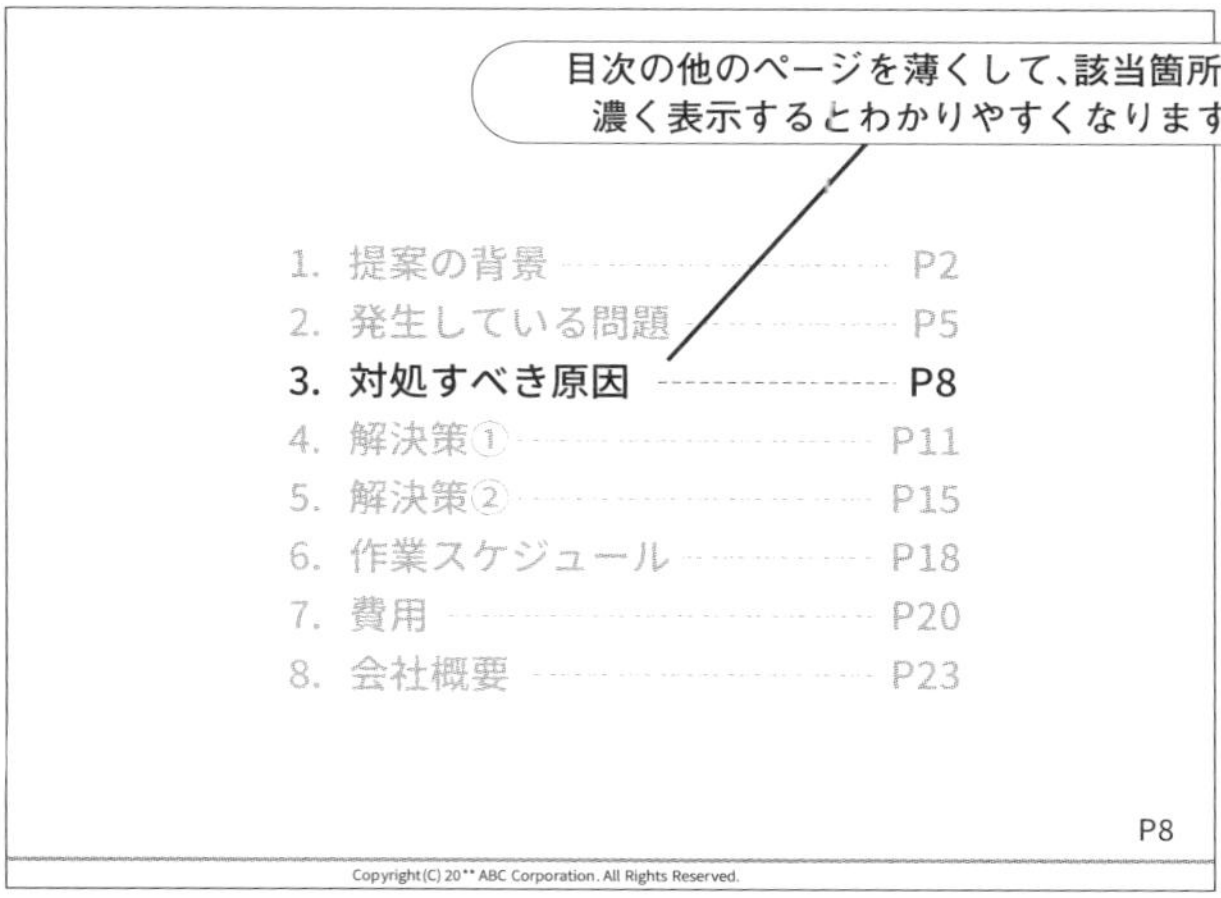

①プレゼンの表紙にタイトルを入れる
②ストーリーに沿って目次（ページタイトル）を作成する
③この段階で流れを確認し、必要に応じて項目の追加、削除、入れ替えを行う
④目次に従い本編ページを作成していく。装飾はまだ行わない
⑤本編ページを作成し終わったら、全体を読み直し、再度整理していく
⑥内容に問題がなければ「対話するプレゼンにおける資料デザインのルール」（81ページ参照）」に沿って装飾を行う
⑦推敲し、最終確認する
⑧可能なら上司や同僚にレビューしてもらう
⑨レビューでもらった指摘を反映する
⑩完成！

「総論は良いが各論はだめ」「木を見て森を見ず」といったことがないように、推敲段階で全体を俯瞰し、それを細部に反映し、また全体を見るという確認を繰り返すことが大切です。

さらに、**第三者に見てもらうことは非常に有効**です。物事は、自分との距離が近すぎるとかえ

って見えにくくなることがあります。そのため、大事なプレゼンの前には、必ず上司や同僚などにレビューの時間をとってもらうようにしましょう。

3 実際の資料の例を見る

最後に、資料一式の例を掲載します。

資料のタイトルは「中途採用面接力向上のための面接官トレーニングについて」です。これは、ある人材採用のコンサルティング企業が、「採用力を強化したい」という企業からの依頼を受けて作成した提案資料、という仮定に基づいて作られています。

この資料は、第2章「ストーリーの作り方」で説明した問題解決の3つのステップに沿っており、問題を特定し、原因を特定し、対策を決定する、という流れとなっています。

各ページとも、シンプルさを重視して作成しています。文章以外に使用しているのは、比較をわかりやすくするための表、因果関係を示すための樹形図など、意味のある図表のみです。文字を囲む○や□といったデザイン的要素を多用すると、かえって資料が見づらくなり、逆に理解しづらくなります。過剰な装飾は視覚的なノイズとなるので極力使わず、シンプルさを重視して作成しましょう。

資料は、**①表紙　②目次　③提案の背景　④問題　⑤原因　⑥解決策その1　⑦解決策その2　⑧作業スケジュール　⑨費用（お見積り）⑩その他（会社概要）**の順に並んでいます。

この構成は、オーソドックスな例になります。ぜひ参考にしてください。

資料の例①【表紙】

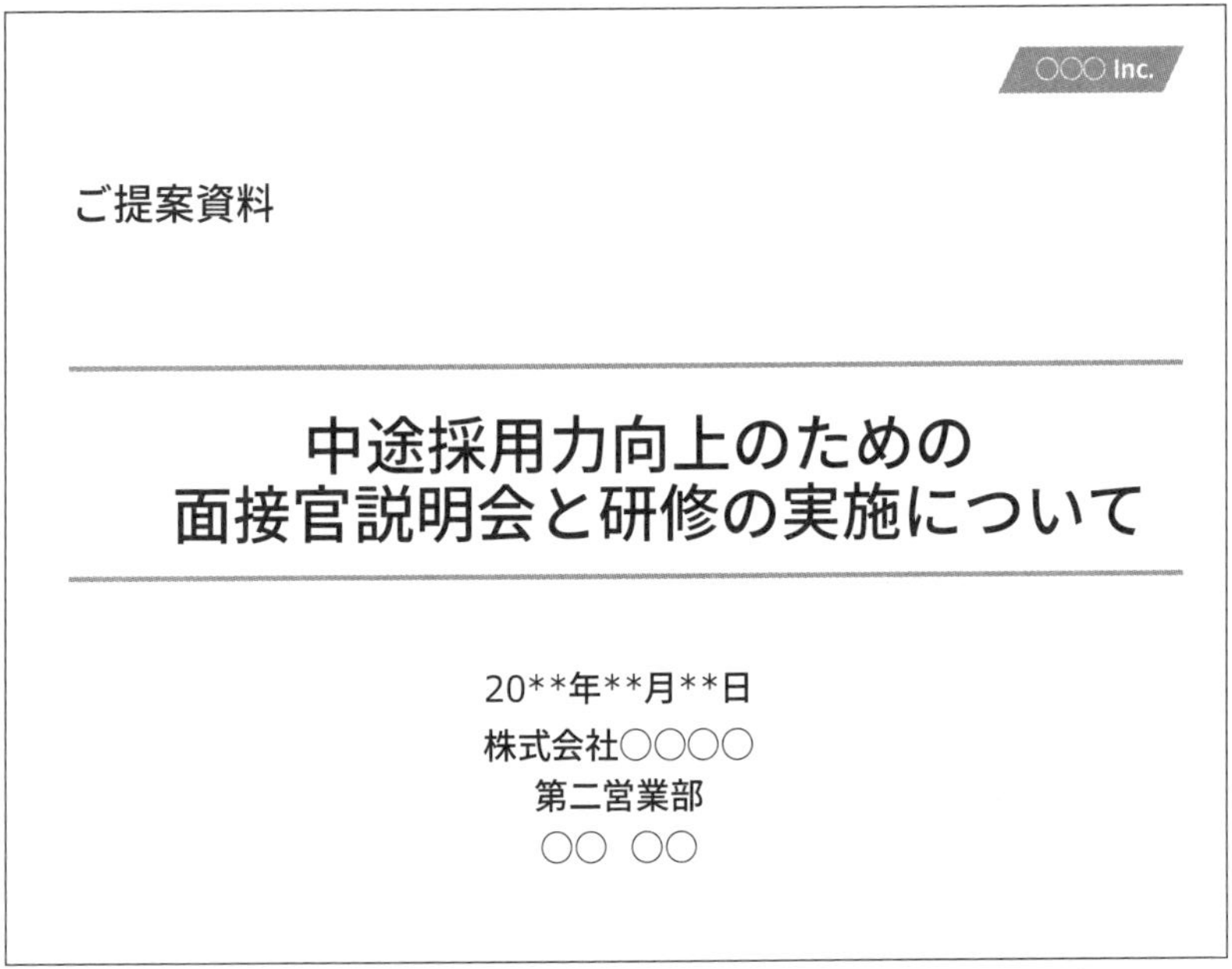
〇〇〇 Inc.
ご提案資料
中途採用力向上のための
面接官説明会と研修の実施について
20**年**月**日
株式会社〇〇〇〇
第二営業部
〇〇 〇〇

「表紙」にはわかりやすく大きな字でタイトルを入れましょう。タイトルはプレゼンの目的地です。「〇〇〇について」だけだとわかりにくいので、「目的（何のために）」「提案（何をする）」の2つを入れます。

資料の例②【目次】

目次

〇〇〇 Inc.

1. 提案の背景 ------------ P2
2. 採用活動の現状における問題 --- P3
3. 対処すべき原因 ------------ P4
4. 解決策の検討と決定 ------------ P5
5. 解決策の実施について① ------------ P6
6. 解決策の実施について② ------------ P7
7. 解決策の実施について③ ------------ P8
8. 作業スケジュール ------------ P9
9. お見積り ------------ P10
10. 会社概要 ------------ P11

©20** ooo Inc. All Rights Reserved.

P1

「目次」はこれからこのプレゼンの道のりを表すものです。各項（ページタイトル）はわかりやすい表現にしましょう。ページ数も入れておくと便利です。

資料の例③【提案の背景】

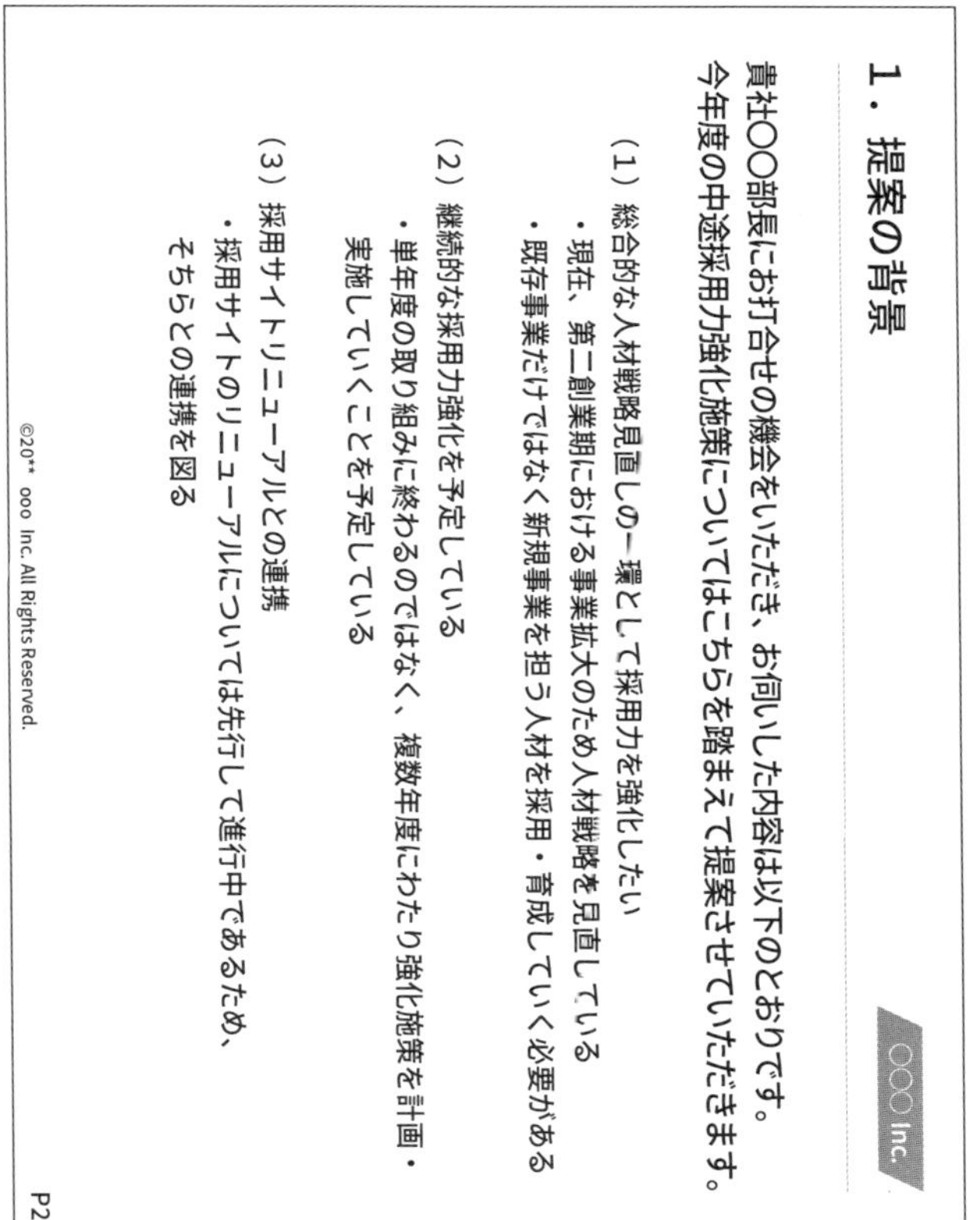

1．提案の背景

貴社○○部長にお打合せの機会をいただき、お伺いした内容は以下のとおりです。
今年度の中途採用力強化施策についてはこちらを踏まえて提案させていただきます。

「1．提案の背景」で商談にいたった背景を改めて述べることで、プレゼン参加者の前提を揃えておきます。

　話し手と相手の担当者とは、ヒアリングを通じて、背景を共有していると思います。しかしプレゼンの本番では、初めてお会いするその部の責任者や関係部署の方など、この提案の背景について詳しく把握していない方が参加することもあります。冒頭で改めて説明しましょう。これは会社や業界によっては「与件確認」「提案の目的」などのタイトルでここに置かれることもあります。

　なお、詳細部分の説明の文章は長くならないよう、箇条書きは2行程度で収めるようにしましょう。

資料の例④【問題】

2．採用活動の現状における問題

○○○ Inc.

御社人事部様へのヒアリングや人材紹介会社等へのリサーチを基に
各プロセスごとに問題を整理し、重要度・緊急度に鑑みて判断した結果
今期優先して解決すべき問題は**選考プロセスにある**と判断しました。

各プロセスにおける問題点

プロセス	問題
母集団形成	・リファラル（社員紹介）採用やSNS経由での応募はまだ実績わずか
採用説明会	・自社説明会からの選考参加率は期待値に届いていない
選考	**・選考中の辞退者が増加している** **・SNSにおいて面接への不満が複数件投稿されている** **・入社後のミスマッチ・早期退職者が発生している**

©20**　ooo　Inc. All Rights Reserved.

P3

「2．採用活動の現状における問題」では「問題」について、よりわかりやすいようにこのタイトルにしています。各プロセスでの問題を並べて比較するために表を用いています。まずは問題を洗い出し、重要度と緊急度で判断して問題を特定しました。

資料の例⑤【原因】

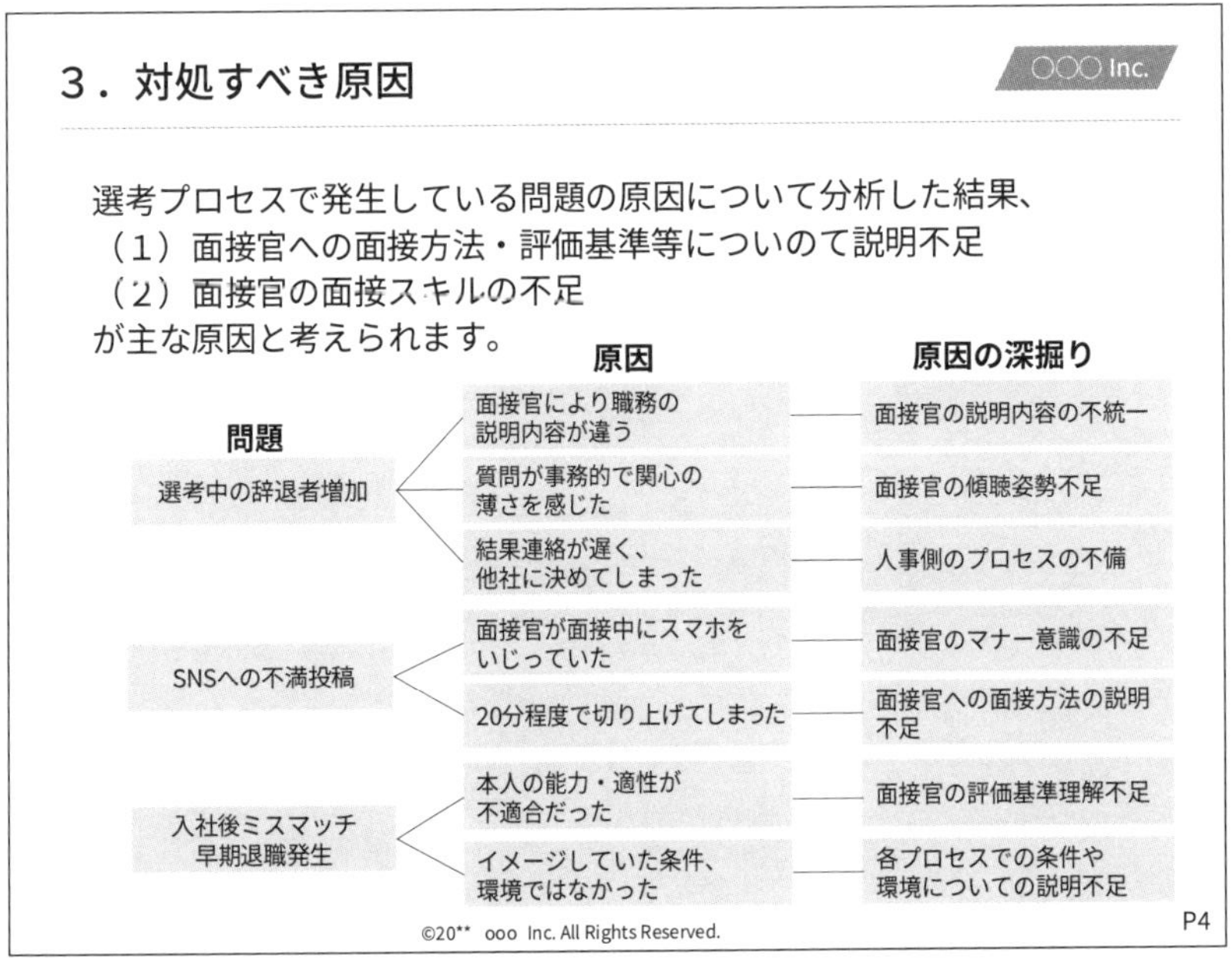

「3．対処すべき原因」では原因を洗い出し深掘りすることで原因を特定します。因果関係を表すには樹形図（ツリー）がわかりやすいです。文字を□で囲む場合はベタ塗りのみにすること。枠線を使うと一気にゴチャゴチャした印象になります。

資料の例⑥【解決策その１】

４．解決策の検討と決定

〇〇〇 Inc.

問題の原因（1）面接官への面接方法・評価基準等の説明不足
問題の原因（2）面接官の面接スキルの不足
への解決策を比較検討した結果、①面接マニュアルの改訂、②面接官への説明会の実施、③面接スキルトレーニングの実施の3点を解決策として提案します。

解決策案の一覧とその評価　　高評価から順に◎、○、△、× の４段階で評価

問題	解決策	効果	実現性	費用	総合
面接方法・評価基準の説明不足	面接マニュアルを改定する	○	○	○	○
	面接官への説明会を実施する	◎	○	○	○
	オンライン学習動画を作製する	○	△	△	△
面接スキルの不足	面接官トレーニングを実施する	◎	○	○	○
	面接官の選出方法を変える	×	△	○	△
	人事部で全ての面接を行う	○	×	○	×
	専門の面接官を雇用する	○	△	×	×
	面接を外部に委託する	○	△	△	△
	AI面接を導入する	？	○	△	×

©20**　ooo Inc. All Rights Reserved.

P5

「４．解決策の検討と決定」では、特定できた原因に対する解決策案を考え、「効果」「実現性」「費用」の3項目で判断し、実行すべき策を決定しています。各項目で比較し決定する場合には、比較表を用いましょう。

資料の例⑦【解決策その2】

7．解決策の実施について③

〇〇〇 Inc.

改定した面接マニュアルについての面接官への説明会と合わせて
面接官の面接スキルトレーニングを目的とした「面接官研修」を実施します。
なお、トレーニングの詳細は別添の研修テキスト見本をご覧ください。

＜面接官研修のカリキュラム概要＞

① 冒頭あいさつ
② 人事からの、面接方法・評価基準等の説明
③ 中途採用市場の現況
④ 面接官の役割の確認
⑤ 面接の進め方の説明
⑥ 自社のアピールポイントの確認
⑦ 面接ロールプレイ

©20**　ooo Inc. All Rights Reserved.

P8

「7.解決策案の実施について③」では、カリキュラムの概要にとどめ、詳細は研修テキスト見本を見ていただく旨を案内しました。

資料の例⑧【作業スケジュール】

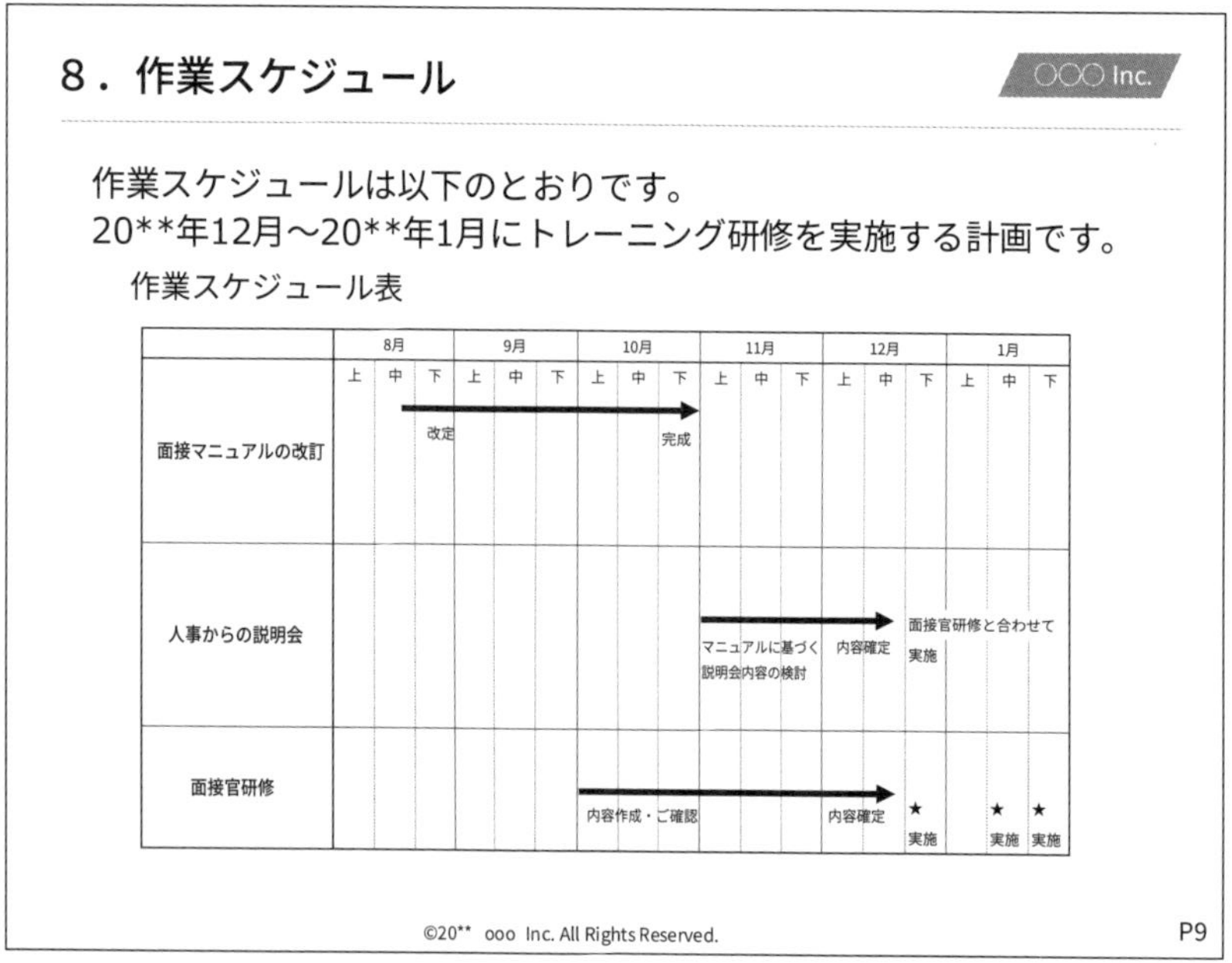

「6．作業スケジュール」では、このようにガントチャート（プロジェクト管理や生産管理で使う工程表、「管理表」「スケジュール表」なども呼ばれます）で見せています。各作業項目の始期と終期がひと目でわかりますね。

資料の例⑨【費用】

9. お見積り

○○○ Inc.

＊,＊＊＊,＊＊＊円（消費税込）

お見積り内訳

項目	単価	数量	合計	付記
面接官トレーニング内容企画・資料作成	***,***円	1式	***,***円	
開催・講師登壇	***,***円	3回	*,***,***円	20**年12月・1月の計3回とする
小計	—	—	*,***,***円	
消費税	—	—	*,***,***円	
合計	—	—	*,***,***円	

©20** ooo Inc. All Rights Reserved.

P10

「7. お見積り」では、社外に出す提案書なので、「費用」ではなく「お見積り」という表現を使っています。このページは透明性・正確性が重要です。算出の根拠や内訳をはっきりと示しましょう。消費税の扱いも忘れずに書きましょう。

資料の例⑩【その他】

10．会社概要

○○○ Inc.

名称	株式会社○○○　（○○○ inc.）
設立	20**年4月
事業内容	人材採用コンサルティング
本社	〒***-****　東京都中央区○○　1-2-3- ○○ビル
大阪支社	〒***-****　大阪市北区○○　3-2-1　○○ビル
連絡先	✉ info@*******co.jp
	03-****-****
	http://*******.co.jp

©20**　ooo Inc. All Rights Reserved.

P11

「8．会社概要」では、その他の情報として提案会社の概要を入れています。それまでの実績などを加える場合もあります。社内提案資料であれば、必ずしも必要ありません。

第4章

プレゼン前の空気の作り方

～お互いにリラックスして話すための空気を作る

プレゼンの5割は本番で作り上げる！ 空気作り7つの秘訣

「ヒアリング」から始まり、「ストーリー」「資料」を経て、いよいよプレゼン当日についてのお話です。さて、まえがきにこう書いてあったことを覚えているでしょうか。

「プレゼンの5割は本番で作り上げるもの」

あなたががんばって用意したストーリーを基にして、相手と自由に対話をしながら理解を深めてもらい、さらにその場でアイデアをブラッシュアップしていくことができればどうでしょう。対話を大切にすることで、プレゼンは単なる一方的な提案ではなく、ともに未来を形作るより素晴らしい場になります。

そのために、対話するプレゼンではまず、**相手と自由に対話できる良い空気を作っていくことから始めます**。まだ関係性が充分に築けていない相手に対して、互いに緊張した状態のまま本題に入ってしまうと、スムーズな対話は難しくなります。相手も「途中で口をはさんで邪魔してはいけないのでは」と感じてしまうかもしれません。その結果、疑問や意見が浮かんだとしても、その場の硬い空気の中でつい飲み込んでしまうことがあります。

これを、変えましょう。**「ここは互いにリラックスして話しても良い場なんだ」**という空気を意識的に作っていきます。そのためのアプローチを7つ、お教えします。

1　空気作りの7つのアプローチを身につける

(1)感謝を伝える

時間を割き、機会をいただいたことへの感謝をまずはしっかりと伝えましょう。


会議室などで相手に会った際には、まずひと言お礼を述べることが大切です。

「本日はこのような機会を作っていただき、誠にありがとうございます」

「このたびはお忙しいところお時間をお取りいただき、大変うれしく思っています」

心地よいやり取りをするためには、「ポジティブな発信を行う」ことがとても重要です。その第一歩として、まずお礼を述べることから始めましょう。

(2)名刺交換で相手の名前の読み方を確認する

名刺交換の際には、相手の名前の読み方を声に出して確認するようにしましょう。

プレゼンに初対面の方が参加する場合には、これを行いましょう。なお、プレゼンに先立ってヒアリングの機会がある場合には、その時に行います。

名刺交換の際、相手が名乗る名前は苗字だけであることが多いものです。そのため、相手のフルネームをしっかり確認することが大切です。名刺を受け取ったら、苗字だけでなく下の名前もお聞きするようにしましょう。これが、より丁寧で良好なコミュニケーションの第一歩となります。

「たかはし、もえみさん、とお読みすれば良いのでしょうか。あ、めぐみさん、ですか。確認して良かったです。承知しました」
「えんどう、だいすけさん、ですね。元プロ野球選手の松坂大輔さんと同じ字ですね」
「はい、父親が野球好きで」
「そうなんですね！」

また、私自身が経験したエピソードをご紹介します。名刺交換の際、こんなやり取りがありました。

「○○さんですか。珍しい苗字ですね、小説家にも同じ名前の方がいますよね」

名刺交換では相手の名前の読み方を確認する

下の名前の読み方まで確認しましょう。
そこから話題が広がり、打ち解けられることもあります

「はい、実は彼女とは同級生で、ペンネームを私の苗字からとったんです！」
「ほんとですか！」

名刺交換をきっかけに、このような予期せぬ話題で盛り上がることもあるのです。

このように、名刺をきっかけにちょっとした会話を挟むことで、自然と相手と打ち解けることができます。名刺交換は形式的な儀礼として行われることが多く、あまり相手の「個」にフォーカスされません。しかし、対話はその場にいる一人ひとりとの関係を築くものです。名刺交換の際には、しっかりとあいさつを交わし、相手との接点を大切にしましょう。

ちなみに、私が名刺をきっかけに会話を広げるようになったのは、独立してからのことです。自営業として駆け出しの頃、私は名刺に「プレゼンアドバイザー」や「伝わるをお手伝い」といったオリジナルの肩書きを添え、少しでも相手の記憶に残ろうと必死でした。しかし、何度も経験したのは、名刺をよく見られることもなく、そのまま名刺入れにしまわれてしまうという現実でした。そのたびに、なんとも言えない寂しさを感じたものです。

その時、改めて思ったのは、仕事を一緒にするのは目の前の「個人」だということ。だからこそ、少なくとも自分は相手の名刺に書かれた内容を隅々まで目を通し、その人をしっかりと受けとめよう――そう感じて、名刺を起点にした対話を意識するようになったのです。

(3)目についたもの、気づいたことを褒める

最寄り駅から会議室に入るまでの間に目にしたことや、ふと気づいた「良いこと」を相手に伝えるのもおすすめです。

ここで重要なのは、お世辞を言うのではないということです。本当に良いと感じたことや、素敵だと思ったことを率直に伝えると、相手も自然と喜んでくれます。それは、相手(やその会社)の良さを見つけて受けとめる行為でもあります。さらに、相手の笑顔を見ることで、自分自身も落ち着き、良いコミュニケーションのスタートを切ることができるでしょう。

「駅からすぐ来ることができました。地下を通れるので、雨の日でも濡れずに済むんですね。とても便利な場所にあっていいですね」

「受付に飾られている絵、あたたかい色使いでほっこりしました。何か御社と関係のある画家さんの作品なのでしょうか?」

「(会議室で)眺めが素晴らしいですね。このような素敵な場所をご用意いただき、ありが

とうございます。気持ち良くお話ができそうです」

重要なのは、**「思ってもいないことは絶対に言わない」**ということです。不思議なことに、ウソは必ず相手に伝わってしまいます。本当に感じたこと、実感したことだけを伝えることで、言葉に真実味が宿ります。たとえ小さなことでも、自分が実際に感じたことを言葉にすることが大切です。そのためには、日頃より相手や周囲をよく観察する必要があります。

(4)話しやすい話題を出す

「天気、季節、ニュース、衣服、趣味、仕事」など、いずれかの話題を軽く振ってみましょう。これらは、会話のきっかけを作るアイスブレイクに最適です。

ちなみに、アイスブレイクの話題を覚える方法として、「キドニタテカケシイショクジュウ（木戸に立て掛けし衣食住）」という語呂合わせ

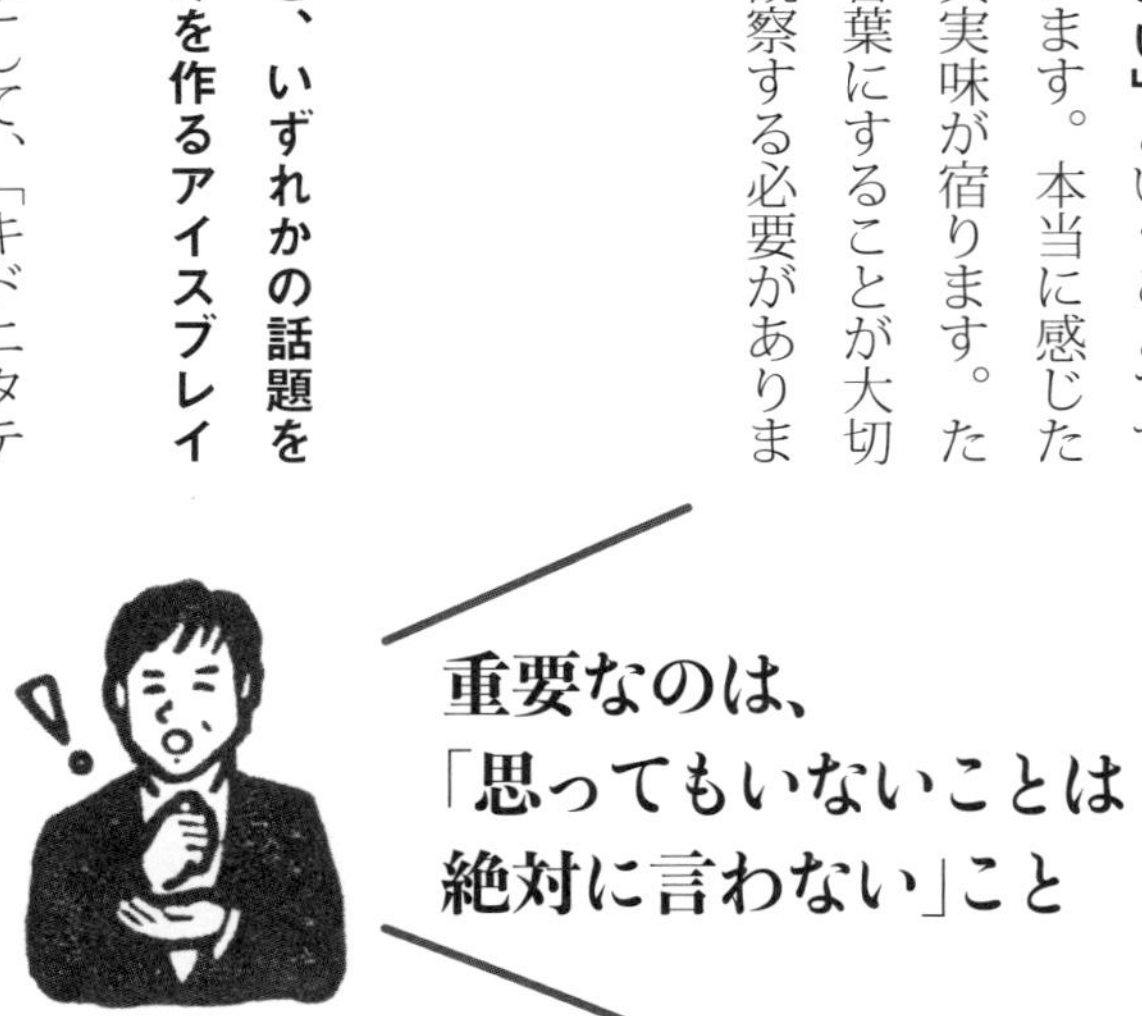

があります。これは、気象、道楽（趣味）、ニュース、旅、天気、家族、健康、仕事、衣、食、住――合計11種類の頭文字を覚えるためのフレーズです。

ただし、初対面では家族や健康といった話題は少々プライベートに踏み込みすぎることもあるため、無難で気軽に話せる例をいくつかご紹介します。


「今日は夕方から雨になるようですね」

「寒くなってきましたね」

「御社の新商品の報道発表が出ていましたね」

「スーツの青が、なんだかとてもいい感じですね。お好きな色なんですか？」

「髪型、変えられたんですね」

「最近、スポーツジムに行き始めました。何か運動をされたりしますか？」

「先般、お仕事が忙しいとおっしゃっていましたが、少し落ち着かれましたか？」

「インフルエンザが流行っているようですね、御社ではいかがですか？」


たとえば、こんなふうに話題を振ることで、相手が話しやすくなり、双方がリラックスした雰囲気を作ることができます。

また、**他社を訪問する際に、事前に見ておくと良いのが、その企業の「新卒採用ページ」**です。

なぜなら、このページには、その業界や会社のこと、社員の働きぶりなどが「何も知らない」ことを前提として、わかりやすくまとめられているからです。短時間でその企業の特徴を把握できるうえに、訪問先との共通の話題を見つけるためのネタとしても非常に役立ちます。

たとえば、訪問前の移動中の電車の中や、オンライン会議の直前の5分間で目を通しておくだけでも、会話の糸口を見つけやすくなります。ぜひ一度試してみてください。

(5)打ち合わせの終了時刻を確認する

打ち合わせの全体の終了時刻を事前に確認しておくことは、とても重要です。

アポイントをとる段階で、双方がなんとなく終了予定時刻を把握している場合が多いものの、当日に改めて確認することで、安心して打ち合わせに臨むことができます。

特に、話が進む中で「時間はまだ大丈夫だろうか？」とふと不安に感じると、その瞬間から内容に集中できなくなってしまうこともあります。

「本日頂いている時間は、いまから11時までの1時間、と認識しております。よろしいでしょうか？」

たとえば、このように確認すると良いでしょう。

(6)資料は空気作りが終わって本題に入る時に配布する

最初の空気作りが終わった後で、資料を配布するようにしましょう。

営業商談でのプレゼンについてよくある質問の1つに、次のようなものがあります。

「プレゼンしようとすると、相手が資料を勝手にめくり始めるんです。どうしたらやめさせることができるでしょうか？」

こうしたケースでは、たいていの場合、あいさつもそこそこに資料を手渡していることが多いようです。相手としては、資料が手元にあれば中身が気になるのは当然のことですから、パラパラとめくり始めてしまうのも無理はありません。

プレゼンを始めるまでの間は、資料は自分の手元に置いておくようにしましょう。話の目的や内容の確認に入るタイミングで初めて相手に渡しましょう。

（7）本題の最初に「目的地（タイトル）」と「道のり（目次）」を示し、確認する

プレゼンの冒頭では、「目的地（タイトル）」と「道のり（目次）」を説明し、プレゼンの進め方について確認することが大切です。

第3章「資料の作り方」でも述べたように、プレゼンは山登りに例えられます。山登りでは、「どの山に登るのか（目的地）」と「どのルートで進むのか（道のり）」を明確にすることで、登山計画がスムーズになります。それと同様に、プレゼンの冒頭でこれらをしっかりと説明し、相手との認識を共有することが、成功するプレゼンの第一歩となります。

目的地の説明の例

「本日は、こちらのタイトルにありますように『経理アウトソーシング事業を活用した業務効率化』についてのご説明に上がりました」

道のりの説明の例

「（目次ページを見せ）先般お伺いしたご要望を踏まえ、こちらの内容でご説明をさせてい

ただきたいと考えていますが、よろしいでしょうか？」
「重点的に聞きたい項目、もしくは、気になっていることなどありましたらお教えいただきたいのですが、いかがでしょうか？」

相手の合意が得られれば、そのままプレゼンを進めましょう。一方で、相手からリクエストや質問があった場合には、それを丁寧に扱うことが大切です。

たとえば、次のような質問が出ることがあります。その場合は、このように回答してみてください。

「当社においては特に帳票管理の問題が大きいので、それについての話を詳しくお伺いできればと思うのですが」
「帳票管理ですね。資料の○ページで詳しくご説明しておりますので、その際にしっかりお話しさせていただきます」

このように、質問に対して適切に回答しつつ、プレゼンの流れを崩さないことがポイントです。また、こうした質問が出ることもありますが、このように回答するのが適切です。

「この間、御社が〇〇という新サービスを始めたという話を聞きました。今日のプレゼンに入っていないと思うのですが、そちらにも興味がありまして」
「ご興味を持っていただきありがとうございます。では、プレゼンが終了し、時間がありましたらその新サービスについてもご説明させていただきたいと思いますが、よろしいでしょうか？」

このように相手の要望に丁寧に対応しつつ、プレゼンの流れを保つことができます。

以上が、相手と打ち解け、プレゼンの場をホームグラウンドに近づけるための7つのアプローチです。これらを活用することで、場の空気がぐっと良くなり、よりスムーズなコミュニケーションが可能になります。

ただし、相手との関係性や状況に応じて、アプローチの手順は柔軟に変える必要があります。相手が初対面の場合、7つのアプローチをすべて実践するのが理想です。ただし、「③目についたもの、気づいたことを褒める」と「④話しやすい話題を出す」については、どちらかの話が長引いた場合などに、一方を省略することも可能です。

初対面の場合の空気作りの手順

①感謝を伝える
↓
②名刺交換で相手の名前の読み方を確認する
↓
③目についたもの、気づいたことを褒める
↓
④話しやすい話題を出す
↓
⑤打ち合わせの終了時刻を確認する
↓
⑥資料は空気作りが終わって本題に入る時に配布する
↓
⑦本題の最初に「目的地（タイトル）」と「道のり（目次）」を示し、確認する

一方で、社内プレゼンやすでに取引がある相手へのプレゼンなど、相手と面識がある場合は、

状況に応じて手順を簡略化してもかまいません。たとえば、「②名刺交換で相手の名前の読み方を確認する」や「③目についたもの、気づいたことを褒める」などは省略しても問題ないでしょう。

相手と面識がある場合の空気作りの手順

①感謝を伝える
↓
④話しやすい話題を出す
↓
⑤打ち合わせの終了時刻を確認する
↓
⑥資料は空気作りが終わって本題に入る時に資料を配布する
↓
⑦本題の最初に「目的地（タイトル）」と「道のり（目次）」を示し、確認する

空気作り７つのアプローチ

（１）感謝を伝える
（２）名刺交換で相手の名前の読み方を確認する
（３）目についたもの、気づいたことを褒める
（４）話しやすい話題を出す
（５）打ち合わせの終了時刻を確認する
（６）資料は空気作りが終わって本題に入る時に配布する
（７）本題の最初に「目的地（タイトル）」と「道のり（目次）」を示し、確認する

2 空気作りのその他の効果を知っておく

（1）ささやかな、でも確かな最初の一歩が踏み出せる

プレゼンの前には、空気作りの手順をしっかりと踏むことが重要です。この手順を無事に行えると、自分の中にささやかな達成感が生まれます。そして、このステップを実践することで、プレゼン全体の空気はとても良いものに変わります。

実践した方からはこのような感想をいただいています。

「プレゼンに入る前の空気がぐっと和やかになりました」

「会議室からの眺めがすごくきれいだったので、そう伝えたら相手の方に喜んでいただけました。こちらもうれしくなり、テンションが上がりました」

「相手の下の名前まで確認したのは初めてでしたが、字の由来なども教えていただけて意外と盛り上がりました」

あなたもぜひ、この手順でやってみてください。7つのうち1つくらい手順を飛ばしても大丈夫です。こうした小さな工夫が、プレゼンを始める前の空気を整え、自分にとって何よりも得難い安心感をもたらしてくれます。

（2）「あなたのことを尊重しています」が伝わる

この7つの手順は、どれも「相手のことを尊重している」というメッセージを相手に伝える行為となっています。

感謝の意を伝える。相手のフルネームを確認する。目についたものを褒める。さらには、資料を配布するタイミングを自分で決めることさえ、相手が一度に1つのことに集中できる環境を整える行為だと私は考えています。

こうした行動により、相手も悪い気持ちはしません。人は、自分が見られている、認められていると感じると、自然と心を開いてくれるものです。プレゼンを始める前に、「人と人」として良い関係を築くことが大切です。

以上で、空気作りの7つのアプローチと、それによる2つの副次的な効果をご説明しました。

良い空気ができたら、いよいよプレゼン開始です。次章からはその進め方について解説していきます。

第5章

話し方

～生きた言葉と「間」で対話を生む

なぜプレゼンでは「生きた言葉」と「間」が重要なのか？

お互いを尊重し、和やかな空気で話すその下地は「空気作り」でできました。その空気にうまく乗り、プレゼンを行いましょう。そのための核となる話し方のポイントは、この４つです。

1.「生きた言葉」で話す
2.「間」を味方にする
3. 相手を迷子にさせないように話す
4. わかりやすい・聞き取りやすい話し方をする

「生きた言葉」と「間」は対話するプレゼンにおいて特に重要なものです。内容をその場でいきいきと相手に伝え、対話するには、まずはこの２つが基本となります。

また、「相手を迷子にさせないように話す」「わかりやすい・聞き取りやすい話し方をする」、この２つができるようになることで、プレゼンの内容を正確にしっかりと相手に届けることができるようになります。

それでは、１つずつご紹介していきます。

1 「生きた言葉」で話す

(1)話す内容を丸暗記しない

対話するプレゼンでは、事前に準備した内容を**「いまこの瞬間、相手に対して最適な言葉で」**伝えます。

プレゼン前に、話す内容（原稿）を丸覚えしようとする方がいます。実はそれをしないほうが良いのです。暗記した文章を言おうとすると、脳みそのウラ側に書いてある文章をただ読み上げるような形になり、結果的に原稿を読み上げるのと大差ないプレゼンになってしまいます。

「忘れてはいけない」「間違えてはいけない」という意識が先行すると、相手不在のプレゼンになってしまいます。

大切なのは用意した言葉ではなく、その瞬間に相手に語りたいと思った言葉――それこそがあなたの本当の言葉であり、相手に伝わる言葉です。

「打ち合わせをしていたらたまたまそこに良い資料があったので、それを適宜使って説明することにした」くらいのノリでも良いのです。

具体的な方法について、次から見ていきましょう。

(2)丸暗記せずに話す「半生話法」を使う

対話するプレゼンでは「下を向いて資料を見る→前を向いて話す」を話し方の基本とします。

このやり方を私は**「半生話法《はんなま》」**と名付けています。

「半生話法」とは、**事前に用意した資料を活用しつつも、それに頼りきるのではなく、その場で生まれる言葉で語るスタイル**です。

92ページでご紹介した本編ページの構成「ページタイトル―要点―詳細」をもう一度確認しながら、次の手順をご覧ください。

丸暗記せずに話す「半生話法」の手順

①「ページタイトル」と「要点」を目視で確認する

↓

②目をあげ相手を見ながら、ページタイトルと要点を話す

↓

③次に「詳細」部分の、1つ目の箇条書き、グラフなど、アタマに入れられる分量の情報を目視で確認し、アタマに入れる

↓

④相手を見ながら、もしくは資料の該当箇所を指さしながら話す

↓

⑤「詳細」部分の次の箇条書き、グラフなどで③④を繰り返す

↓

⑥次のページに行ったら①から⑤までを繰り返す

注意）話している途中で忘れたら、いつでも資料を見て良い。ただし読み上げない。確認したらまた顔をあげて話すこと。

この手順に沿って進めていくと、資料の読み上げになることが防げます。語尾や表現が多少変わるくらいの、程よい「半生」の言葉として話すことができるのです。資料と「つかず離れず」の距離感を保ちながら話すのがちょうど良いバランスです。

いっぽうで、完全に資料から乖離した言葉になってしまうと、相手は「どこを話しているの？」と混乱してしまいます。それは避けましょう。

もし、資料に書いていない内容を話したいと思った時は、**「これは資料にはないのですが」**と

ひとこと前置きしてから話すことが重要です。このひと言があるだけで、相手が迷子にならず、話の流れがスムーズに進みます。

また、資料を見ている時間と相手を見ている時間のバランスも大切です。目安として、**資料を見ている時間を2割、相手を見ている時間を8割程度**にしましょう。

もし話し始めた後に、話す内容が「飛ぶ」（アタマの中から消えてしまう）という事態が起きた場合は、焦らずにゆっくり

丸暗記せずに話す「半生話法」

資料を読み上げてはいけません。
8割は相手を見て話しましょう

と資料に目を落としましょう。これは、ふだんの打ち合わせなどで自然に行っていることと同じです。プレゼンでも、同じように対応すれば何の問題もありません。資料を見て冷静に内容を確認すれば、すぐに話の流れを取り戻すことができます。

2 「間」を味方にする

対話するプレゼンにおいて、**「間」は「罪悪」ではなく「宝物」**です。

プレゼンに不慣れな方は、間を嫌います。間が空いてしまうと、何か言葉を発して埋めなければならないと強く思い込んでいるようです。私が指導する場でも、そのような考えを持つ方は非常に多いです。

しかし、実際にはその逆です。間は大いにとりましょう。私は**「間を制するものがプレゼンを制する」**と言っても過言ではないと思っています。間を理解し、使いこなせばそれは強力なあなたの味方となっ

「間」は「罪悪」ではなく
「宝物」です

てくれます。

(1)「間」のとり方の基本を知る

間のとり方の基本は「、」で1拍、「。」で2拍、改行3拍です。

ここでいう**1拍というのは、字の1つ分の長さ**です。

たとえば「あら、こんにちは」という言葉を例にとると、「あ」が1拍、「ら」で2拍、「あら、」までが3拍、となります。

「1拍ってどのくらいの長さ?」と思われたと思います。それぞれの話す速さは違いますから、テンポ速めに話す人は短くなりますし、ゆったりと話す人は長くなります。

(2)「間」の4つの効果を知っておく

なぜ間をとるのでしょう? 間には主に4つの効果が

「間」のとり方

「、」で1拍
「。」で2拍
改行3拍

あります。

①相手がアタマの中を整理する

プレゼンには、相手にとって初めて聞く情報が含まれていることが多く、ストーリーも話し手が作り上げたものです。そのため、全体を通して間をとらずに矢継ぎ早に話してしまうと、相手のアタマは間違いなくオーバーフローしてしまいます。相手が聞いた内容を整理できるよう、適度に間をとりながら進めることで、相手の理解が深まり、プレゼンの効果も高まります。

②話し手自身がアタマの中を整理する

話し手にも、相手と同様にアタマの整理が必要です。ページをめくったら、すぐに話し始めるのではなく、まず全体構成と現在地の関係をアタマの中で確認しましょう。そのうえで、そのページで話す内容を整理します。

具体的には、**「ページタイトル」「要点」「詳細」にざっと目を通しながら、「こう話そう」と自分の中で再確認することが大切**です。「このページではこれを伝えるんだ」という確信を持てた段階で話し始めるようにしましょう。

③質問を歓迎する姿勢を見せる

間をとることで、相手がアタマの中を整理する時間を持つと、疑問や質問が湧くことがあります。その疑問や質問を言葉にするには少しの時間が必要です。**相手にそうした気配が見えたら、焦らずに待ちましょう。あるいは、積極的に質問を促すのも効果的です。**質問の引き出し方や働きかけの具体的な方法については、第6章の「問いかけ」の項で詳しく説明しますので、そちらもぜひ参考にしてください。

④ストーリーの構造を、言葉だけでなく体感時間で伝える

たとえば、アクション映画を想像してみてください。クライマックスのアクションシーンでは、次々とシーンが切り替わり、息をつく暇もありません。しかし、事件が解決したあとはどうでしょうか？　たいてい、テンポがゆっくりとしたものに変わりますよね。

エピローグ（結末部分）に入る際には、まず広い草原などの静かな風景が映し出され、カメラがゆっくりと流れていきます。次に主人公の家が見えてきて、そこから家の中へと場面が切り替わっていく。こうした「緩急」をつけることで、ストーリーの変わり目の大きさが視覚的にも感覚的にも伝わります。「ここが大きな節目ですよ！」ということを示しているわけです。

プレゼンにおいても、**切り替わりの大きさに合わせて間の長さを変えることが重要です**。「間のとり方」で説明したとおり、間の長さは話している内容の切り替わりの大きさと比例しています。大きな切り替わりの場面ほど、大きく間をとるべきなのです。

ページをめくる間の時間が切り替わりの大きさに応じた間になります。また、ボリュームの大きい資料では、中扉が1枚挟まれることで、さらに切り替わりの大きさを示す役割を果たします。充分な間をとりながら話を進めると、伝わる度合いがそれまでと比べて大きく向上します。話がうまい方を観察してみると、例外なく巧みに間を使っていることがわかるでしょう。

ところで、間をとっている間に何をすれば良いのか、というのはよく聞かれる質問です。**笑顔を浮かべながら相手の表情や様子を受けとめること**です。この時間は、相手にとっても重要な時間です。相手が何か言いたげな様子を見せたら、質問がないかを確認してみましょう。

一方で、うっかり言葉に詰まったり、自分の意図しない間ができたりすることもあるでしょう。そういう時は焦って「なんでもいいから話そう」と無理をしないことが大切です。まずは「少し考えを整理させてください」と相手にひと言伝えましょう。そのうえで、自分の言葉が自然に出るまで、ゆっくりと考える時間をとってください。

この時、つい目をそらしてしまいがちですが、あえて相手を見てみてください。視線を向けた相手に対して自然と言葉を語りかけたくなる感覚が生まれ、結果としてスムーズに話し始めることができるはずです。

相手はその間、必ず待ってくれます。あなたが次に何を言おうとしているのかを整理していることは、相手にも伝わるものです。だからこそ、相手を信じて、この間を大切にしましょう。もう一度お伝えします。間は罪悪ではありません。それは、考えを整理したり、話の流れを切り替えたり、心の中を見つめ直したりする貴重な時間です。そして時には、ふっと何かがひらめく瞬間をもたらしてくれる、まさに「宝物」の時間なのです。

3 相手を迷子にさせないように話す

対話するプレゼンでは、自分の都合で話を進めるのではなく、常に相手主体で進行することが重要です。話し手が一方的に話すのではなく、相手の理解や反応を確認しながら、相手と肩を並べて歩くように進めていきましょう。

(1)相手をよく観察する

相手をよく観察し、様子を確認することは、相手の状態を把握するために非常に重要です。具体的には、次のような点に注意を払いましょう。

・話についてきているか
・疑問を持っていないか
・スライドや資料の該当箇所をちゃんと見ているか

これらは、相手を観察していれば自然とわかるものです。対話するプレゼンのやり方に沿って空気作りができていれば、相手もリラックスしているため、何らかのサインを出してくれるでしょう。

プレゼンで「用意してきたものをそのまま話すこと」だけに気をとられてしまうと、自分の注意が内向きになりがちです。その結果、相手が発しているサインに気づけなくなってしまいます。

相手の意識が話し手の話に向いている時のサインの例

・話し手を柔らかく見ている
・微笑を浮かべている
・うなずきやあいづちをする
・話し手が語尾でうなずくと同時にうなずく
・話し手が息継ぎをするのに合わせて相手も呼吸する
・資料の、いまの話題にリンクした箇所を見ている
・そこにメモを書き込んでいる

相手の意識が話し手の話に向いていない時のサインの例

・話し手ではなくよそを見ている
・動きや表情が固まっている（話し手に目が向いていても、その場合がある）
・資料をどんどん先にめくっていく
・資料の、いまの話題と関係ない箇所を見ている
・ほかのことをしている（スマホを見るなど）

プレゼン中は、穴が開くほど相手を観察しましょう。下を向いて資料を読み上げることは避けるべきです。資料の上には誰もいません。相手の表情や反応に目を向けることで、プレゼンの進行が相手主体のものになります。

もし、「相手の意識が話し手の話に向いていない時のサイン」を見つけた場合でも、慌てる必要はありません。その時は、ページや章の切り替わりまで様子を見守りましょう。その後で、次のように問いかけます。

「何かご不明な点はありませんか？」

このひとことで、自然な形で相手の意識を引き戻すことができます。慌てずに、相手の状態を丁寧に観察しながらプレゼンを進めましょう。

(2) 一人ひとりを均等に見る

プレゼンを聞いている人全員を均等に見ることを心がけましょう。

たとえば、会議室で3人を相手にプレゼンをしている場合、それぞれの顔に視線を向け、均等に目を配るよう意識します。

プレゼン中は、無意識のうちに見る方向や視線を向ける相手が偏りがちです。しかし、これは聞き手にあまり良い印象を与えません。見る方向は、こんなふうに偏ってしまいます。

・その場の上席者ばかり見てしまい、部下のほうはあまり見ない

意思決定者を重視したいのはわかりますが、提案後の部下の「あの人、部長ばかり見ていましたね。なんだか、現金というか、仕事上も気配りに不安がありそうです」なんてひとことで失注するケースもあります。

・熱心に聞いてくれている人ばかり見てしまい、ほかの人を見ない

聞いてくれている人はそれでいいんです。むしろ、そうでない人にいかに聞いてもらうかが大事なのです。

全員に目を配り、気を配りながら、1人も置いていかないようなプレゼンを心がけましょう。

また、相手と目を合わせるいわゆる「アイコンタクト」はプレゼンにおいて非常に重要です。これは相手を観察するためだけでなく、「私はあなたに興味を持っています」というサインを送る効果もあります。意識してアイコンタクトをとりましょう。

ただし、目を見続けるのが恥ずかしいと感じる場合は、無理をする必要はありません。相手の目そのものを見なくても、おでこや襟元に視線を向けることで、充分に相手に関心を示すことができます。

(3)「現在地」を一瞬も逃さず相手と共有する

「一瞬たりとも、相手が迷ったり、興味を失ったりする時間を作らない」ことを意識しましょう。

プレゼン中、相手の意識が一時的にあなたの話から離れてしまうことがあります。しかし、それは必ずしもあなたのプレゼンが下手だからというわけではありません。たとえば、ある言葉やフレーズが引き金となり、相手が自分の具体的な問題や課題を連想し、そのことに意識を集中してしまうことが原因です。

こうした状況は、誰にでも起こり得るものです。だからこそ、話し手であるあなたがうまくリードし、相手の意識と自分の話の内容を常に一致させることが重要です。

①資料のどこを見るべきかを常に伝える

「1枚めくっていただくと、目次です」

「次のページは、今回のご要望についての確認です」
「真ん中あたりのグラフをご覧ください」
「（相手の資料の具体的な場所を指さし）こちらです」

くどいくらいでかまいません。いまどこを見たら良いのかを明確に説明しましょう。

②「話の流れを示す言葉」を使う

ストーリーの流れを明確に示すためには、**接続詞や指示語を効果的に使うことが非常に重要**です。「だから」「そして」「しかし」などの接続詞は、その流れをわかりやすくする典型的な例です。
これに加えて、以下のような言葉を丁寧に使うと、さらにプレゼンがわかりやすくなります。

詳しく言う場合　「具体的には」「より詳しく言うと」
まとめる場合　「つまり」「まとめると」
話題を変える場合　「話は変わって」
箇条書きや段階をさす場合　「次に3番目のポイントです」「ここが最後のポイントです」

これらの言葉を丁寧に使うことで、話の構造が明確になり、相手に伝わりやすくなります。

③「相手が」資料の該当箇所を見ているかを常に確認する

プレゼン中は、つい自分の手元資料に目が向きがちです。しかし、口頭で丁寧に説明しているだけでは充分ではありません。相手がしっかりついてきているかを確認する必要があります。

特に重要なのは、**「相手に見て欲しい部分を実際に相手が見ているか」を確認すること**です。相手が該当するページをめくり、その箇所に目を落としたのを確認してから話し始めるようにしましょう。これにより、相手との認識のズレを防ぎ、伝えたい内容を正確に届けることができます。

一方で、自分の資料をまるで教科書のように立てて持ち、相手のほうを全く見ずに話してしまう人も少なくありません。これはやめましょう。プレゼンで重要なのは、「自分が気持ちよく話せているか」ではなく、「相手が迷わずに内容を理解できているか」なのです。

④「いま、山の何合目か」を示す

第３章「資料の作り方」で、プレゼンを山登りに例えて説明しました。その中で触れたように、**プレゼン中は常に「現在地」を示すことが重要**です。相手が「現在地はどこか」「残りの道のりがどれくらいあるのか」を把握できない状態になると、方向性を見失い、集中力ややる気が低下してしまいます。

たとえば、「次は3つのポイントのうち2つ目です」や「ご説明はあと5ページほどです」といった情報を適切なタイミングで伝えることで、聞き手に現在の進行状況を明確に示すことができます。このように「現在地」を伝えることで、聞き手はプレゼンの流れを理解しやすくなり、安心感を持って話に集中できます。

(4)短い意見を言う時などにも「目的地」「道のり」を示す

プレゼンにおいて、「目的地」と「道のり」を明確に示すことの重要性は、すでに第3章「資料の作り方」や第4章「プレゼン前の空気の作り方」の章で説明しましたが、これはちょっとした意見を述べる際にも非常に有効です。目的地と道のりを明確に示すことで、相手が迷子になるのを防ぐことができます。

「いま、山の何合目か」
常に「現在地」を示すことが重要

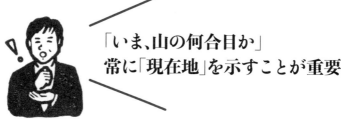

たとえば、オフィスにお菓子コーナーを導入することの効果を説明しているシーンを例にとります。目的地と道のりを意識して話すと、こんな感じです。

「目的地」「道のり」を明らかにした例

オフィスにお菓子コーナーを導入する効果は3点あります。

1つ目は、徒歩3分のコンビニまで行かなくて済むので時間の節約ができるという点。

2つ目は、脳の活性化には糖分の補給が有効である点。

3つ目は、休憩スペースでお菓子を食べながら社員のコミュニケーションがはかどる点。

この3点が考えられます。


まず、目的地を明確にするために「オフィスにお菓子コーナーを導入する効果」を提示します。次に、道のりを示すために「3点あります」と伝えることで、相手は話の流れを整理して理解しやすくなります。

またこの時、話し手は話し始める前に頭の中で次のように考えています。

「お菓子コーナーを導入する効果は……時間の節約、糖分の補給、社員のコミュニケーション……3つだな。よし」
ここまでをしっかりと整理してから、口を開くのです。

この話し方を身につけるには、少し時間がかかるかもしれません。しかし、「話す前にこれから話すことを整理する」という習慣を身につけるだけで、あなたのプレゼンは劇的に変わります。**少し時間が欲しいと思ったら、「少し整理しますね」と相手にことわってから考えても全く問題はありません。**

実はそのためにも、先ほど説明した「『間』を味方にする」ことが重要なのです。間をとることで考える余裕が生まれます。充分に間をとり、話を整理してから口を開く。この習慣をぜひ身につけてください。

4 わかりやすい・聞きとりやすい話し方をする

ここでは、相手にプレゼンの内容を端的に伝える「わかりやすい話し方」、適切なスピード・はっきりとした発音・しっかりとした声で話す「聞きとりやすい話し方」をお伝えします。演劇的なトレーニングも入っています。楽しみながら実践してみてください。

(1)短文で話す

短文で端的に話すと、相手の理解が格段に進み、知的な印象を与えることができます。以下に、コピー機のメリットについて説明している2つの例を挙げました。読み比べてみてください。

どちらが良い？　例1

うちの会社のコピー機は、まずは冊子作成の機能が非常に充実していまして、えっとそれから、他社にない内部構造を新規に採用した結果ですね、紙詰まりの頻度も従来の20％に抑えられていまして、あと、ほかにも、電気代やトナー代のランニングコストも割安でして、……まぁ、これらの点で他社のものより優れています。

どちらが良い？　例2

弊社のコピー機は、冊子作成の機能が非常に充実しています。
それから、内部構造を一新し、紙詰まりの頻度を従来の20％に抑えました。
もう1点、電気代やトナー代のランニングコストが割安な点。
以上から、自信を持っておすすめできます。

アタマにスッと入ってくるのはどちらでしょうか。おそらく、例2のほうだと思います。
実際、例1のような話し方をする方は意外と多く、私の研修でも、2分間スピーチでたった2つの文しか話さない方がいるほどです。1文が1分は、さすがに長すぎますよね。そのような話し方は、聞き手にとって非常に聞きづらく、途中で何を言っているのかわからなくなってしまいます。

では、この違いを生み出している要因は何でしょうか。それは、話し始めてから後追いで文を考えるのか、あるいは話し始める前に内容を整理してまとめるのかという、アプローチの違いにあります。

例1の話し方をする人は、話し始めてから同時進行で内容を考えています。そのため、思いついたことをそのまま口にしてしまい、話の先が見えない状態になります。結果として、自分でも

「。」をどこでつければ良いのかわからなくなり、文がどんどん長くなってしまうのです。

一方、例2の話し方では、話し始める前に文の終わりまでを考えたうえで話を始めています。1つの文を話し終えた後は、次の文を考え、その文も終わりまで整理してから話す。このプロセスを繰り返すことで、話がすっきりとまとまり、短い文で伝えることができるのです。

なお、一度に話す文の長さについては、「主語・述語のセットが2つまで」を目安にすると良いでしょう。

「AはBです」「AはBで、CはDです」であればわかりやすいです。

しかし、これが3つ以上になると、文が長く感じられ、意味が伝わりにくくなります。たとえば、「AはBで、CはDで、EはFです」というような文は、聞き手にとって負担が大きくなります。このような話し方はできるだけ避けるようにしましょう。ふだんからこのポイントを意識していれば、次第に自然と身につくようになります。

（2）結論から話す

結論から話すと、あなたが何を言いたいかを端的に相手に伝えることができます。また、結論のあとに理由を添えることで、あなたの考えを論理的に説明することができます。

そのためには**「ＰＲＥＰ」という型を覚えておくといいです。ＰＲＥＰとは、「Ｐｏｉｎｔ（結論）→Ｒｅａｓｏｎ（理由）→Ｅｘａｍｐｌｅ（具体例）→Ｐｏｉｎｔ（結論）」の頭文字をとったもの**です。

この順番で、言いたいことを結論から論理的に伝えることができます。

ＰＲＥＰを使った例はこんな感じです。

社内レクリエーションとして運動会を開催したい、という意見をＰＲＥＰで述べる場合の例

【Ｐｏｉｎｔ（結論）】

本年度の社内レクリエーションについては、社内運動会の開催を提案したいと考えています。

【Ｒｅａｓｏｎ（理由）】

理由は、チームワークの向上が図れるからです。

【Example（具体例）】
具体的には、部署を混在させたチーム編成とし、共同作業の要素を入れた競技を多く実施します。異なる部署の社員同士が親睦を深め、全社的なチームワークを高めることができます。

【Point（結論）】
以上の理由から、今年は社内運動会を開催したいと考えています。

このように使います。

たとえば大学の卒業論文などで、「序論、本論、結論」という構成を用いて書かれた方がいるのではないでしょうか。序論で論文の主旨や結論を説明し、本論でその理由や具体的な研究結果を、そのあとに再び結論を、という流れは基本的にはこのＰＲＥＰと同じ構成です。

何かを主張したり提案したりするときには、結論と理由を明確に。そして伝える時には結論から先に。それが原則です。この本でも、たとえば第3章「資料の作り方」で説明している資料全体の構成や本編ページの構成についてはこの原則に従っています。ＰＲＥＰ、覚えておきましょう。

PREPを使って社内運動会の開催を主張する

Point
結論

社内運動会を開催したい

↓

Reason
理由

チームワークの向上が図れる

↓

Example
具体例

・部署を混在させたチーム編成
・共同作業の要素を入れた競技

↓

Point
結論

以上の理由から、社内運動会を開催したい

(3)語尾に変化をつける

いろんな語尾のバリエーションを覚えると、話すのが一気に楽しくなります。

プレゼンの練習中に「短文で話す」ことを意識すると、次に起こりがちな問題があります。それは、話が単調に聞こえてしまうことです。原因の1つは、**語尾が「～です」「～ます」の2種類に偏りがちだから**です。

そんな時は、語尾にバリエーションを持たせることで、プレゼンは一気に洗練され、聞き手にとっても魅力的に響くようになります。

語尾のバリエーションの例

①基本形

・です、ですね、ですよね、ですよ
・ます、ますね、ますよね、ますよ
・わけです、わけですね、わけですよね、わけですよ
・なんです、なんですね、なんですよね、なんですよ

・でした、でしたね、でしたよね、でしたよ
・ました、ましたね、ましたよね、ましたよ
・でしょう、でしょうね

②否定形

・ないです、ないですね、ないですよね、ないですよ
・ではありません、ありませんね、ありませんよね、ありませんよ
・ません、ませんね、ませんよね、ませんよ

③疑問形

・ではないでしょうか、ではないでしょうかね
・ませんか、ませんかね

④体言（名詞）止め、形容詞止め、動詞止め（です、ますの助動詞をつけない）

これは多用すると「タメ口」っぽくなるので、ワンポイント的に挟むと効果的です。

・「本日ご説明差し上げるポイントは、3点」（体言止め）

・「大切なのは、なんといってもお客様の声」（体言止め）
・「今年に入り、原料の仕入れ値が総じて高い」（形容詞止め）
・「職場の元気度を、もう少しあげる」（動詞止め）

ざっと挙げてもこれだけあります。
実際にはこのように使います。

語尾が単調な例

こんにちは。岩下宏一と申します。今日はプレゼンテーションについてお話しします。プレゼンには3つの大事な要素があります。ストーリーと資料と当日の話し方です。まずストーリーは、「より良い未来」ただそれだけを考えます。次に資料です。シンプルにわかりやすく作ります。余計な装飾は外します。当日は、まず空気作りです。つぎに話し方です。それから問いかけと受けとめです。

語尾にバリエーションがある例

こんにちは、岩下宏一と言います。

今日はプレゼンテーションについてお話ししますね。
プレゼンには3つの大事な要素があるんです。ストーリー、資料、当日の話し方。
まず、ストーリー。
これは「より良い未来」ただそれだけを考えればいいんですよ。
次に資料。
シンプルにわかりやすく作りましょう。
余計な装飾などは要りません。最後に当日のプレゼンです。
まず、空気作りからですね。
次に話し方、そして問いかけと受けとめ。
この3つで考えると良いでしょう。

まずは、語尾に「ね」をつけるかつけないか、から試してみましょう。それだけでも語尾のバリエーションが倍に増えます。

適度に「間」をとりながら、語尾にバリエーションを持たせることで、プレゼンに変化が生まれ、聞き手に飽きさせない工夫ができます。いろいろ試しながら、バリエーションを増やしていきましょう。

（4）適切なスピードで話す

400字／分で話す速度を身体で覚えておきましょう。

「早口だと言われます」と悩む方に、「では、適切な話のスピードはどのくらいだと思われますか？」と尋ねると、答えられないことが多いものです。この疑問に答えられないようだと、改善は難しいですよね。

逆に言えば、適切なスピードを知り、それを覚えれば解決するということです。**アナウンサーがニュースを読む場合やフォーマルなプレゼンでは1分間に300〜400字**（「、」や「。」も1字と数える）**のスピードで話せば良い**とされています。ただし、**1分間に300字ではプレゼンでは少し遅めに感じられることが多いで**

1分間に400字のスピードで話そう

「400字なら、ちょうどいい」
この言葉を2秒で話してみましょう

す。

「400字なら、ちょうどいい」。このフレーズを、2秒間たっぷり使って話す練習をしてみましょう。「、」も含めてこのフレーズは13字です。2秒間フルに使って話すと、1分間に約390字のスピードになります。これは、おおよそ400字程度で、聞きとりやすい理想的な話し方の速さです。スマートフォンのストップウォッチなどを使いながら、スピードを確認しつつ練習してみましょう。

(5)活舌良く話す

「母音」に気をつけることです。母音というのは「あいうえお」の5つの音のこと。

「話す言葉が聞きとってもらえない」という悩みを持つ方の多くは、5つの母音の口の形を明確に意識せずに話していることが多いようです。この母音の形をはっきり意識して発音するだけで、言葉は格段に明瞭に伝わるようになります。

劇団四季では、「母音法」というセリフの訓練法があります。ミュージカルはストーリーが命です。そのため、セリフを明瞭に客席に届け、内容を完全に理解してもらう必要があります。この目的を達成するために考案されたのが「母音法」です。

母音法では、セリフを構成する5つの母音、「ア、イ、ウ、エ、オ」を明確に発音する訓練を行います。時には、セリフを母音だけで練習することもあります。たとえば、「おはようございます」を母音だけで発音すると「おあおーおあいあう」となります。このように、各母音を意識しながら口を大きく開け、音の違いを明確に発音するのです。

また、劇団の大先輩から聞いた話では、昔は個人練習だけでなく、劇団全体で母音だけで芝居の通し稽古（最初から最後まで全員で通して練習すること）をしていたこともあるそうです。それほど母音を明確に発音することが重要だと考えられていたのです。

ぜひ、この母音法の考え方を日常の発声やプレゼンの練習に取り入れてみてください。言葉の伝わり方が劇的に変わるはずです。

①「発音練習用テキスト」を使って練習する

活舌は、練習を重ねることで確実に良くなります。「もっと活舌を良くしたい」「少し聞き取りにくいかもしれない」という自覚がある方は、ぜひ練習を始めてみてください。

おすすめは、次ページにある**「発音練習用テキスト」を使った方法**です。**1音ずつはっきりと発音しながら横に読み、1行ごとに息継ぎを行います。**これを最後の行まで読み上げる練習を、

発音練習用テキスト

横に1行読んで、息継ぎを繰り返します。

あ	え	い	う	え	お	あ	お	あ	い	う	え	お
か	け	き	く	け	こ	か	こ	か	き	く	け	こ
さ	せ	し	す	せ	そ	さ	そ	さ	し	す	せ	そ
た	て	ち	つ	て	と	た	と	た	ち	つ	て	と
な	ね	に	ぬ	ね	の	な	の	な	に	ぬ	ね	の
は	へ	ひ	ふ	へ	ほ	は	ほ	は	ひ	ふ	へ	ほ
ま	め	み	む	め	も	ま	も	ま	み	む	め	も
や	え	い	ゆ	え	よ	や	よ	や	い	ゆ	え	よ
ら	れ	り	る	れ	ろ	ら	ろ	ら	り	る	れ	ろ
わ	え	い	う	え	を	わ	を	わ	い	う	え	お

1日5回繰り返しましょう。

2週間ほど続けると、効果を実感できるはずです。日々の積み重ねが、明瞭な話し方への近道です。

②連母音の練習で一つひとつの音が聞きとりやすくなる

ちょっと玄人っぽく見える話し方のワザをご紹介します。

ある単語のあとに、同じ母音（ア行）の音が来ることを劇団四季では「連母音（れんぼいん）」と呼び、注意深く発音するようにしています。

たとえば、「明日は雨だ」という言葉の場合、「あした『はあ』めだ」の部分です。無意識にしゃべってしまうと「あしたはーめだ」となってしまい、「雨」の「あ」がつぶれてしまいます。

これを防ぐには、次のような工夫をすると美しく聞こえます。

- 「雨」の「あ」を少し強調して発音する
- 「明日は」のあとに、ほんの少し間をとる

たとえば、「あしたは（間）あめだ」「あしたはあめだ」といった具合です。このテクニックを

意識して話すことで、言葉がより明瞭で洗練された印象になります。

同じ母音が続く「連母音」の箇所を、はっきりと切り分けて発音してみましょう。

連母音の練習のための例文

明日は雨だ明後日だ（あしたはあめだあさってだ）

上司に言い、行きましょう（じょうしにいいいきましょう）

美しく憂う浮世絵美人（うつくしくうれううきよえびじん）

畑へ遠足で遠征だ（はたけええんそくでええんせいだ）

怒るとお酒をおごらない（おこるとおさけ

「連母音の練習」をしよう

をおごらない）

聞きとりやすく話すには「意識する」だけでは不十分です。「やる」ことが何より大切です。たとえば発音であれば、「実際に鏡を見て、いままでの3倍、口を大きく開けて話す練習」をしながら、口が大きく開いているかを自分の目で確認してください。

継続的な練習によって、話し方は確実に改善されます。

ちなみに、劇団四季で先輩から教わった言葉に「稽古は裏切らない」というものがあります。練習した分だけ上達する——私もまさにそのとおりだと思います。

(6)声をきちんと届ける

声を届けたい相手をしっかりと見て狙いましょう。


会議室で話す場合、対角線上の端と端、といった距離では「声が小さくて聞こえない」というケースが出てくることがあります。このような悩みの相談を受けることも少なくありません。

ただし、実際に「発声そのものに問題があり、トレーニングをし直さないと会議室内で聞こえる声が出せない」というケースはほとんどありません。むしろ、休み時間の雑談などを聞いていると、元気な声で話していることが多いです（笑）。つまり、多くの場合、声量ではなく話す状況における意識や話し方がポイントになります。

「声が聞こえない」と言われる方の多くは、**「相手を見て、自分の声が聞こえているかどうかをモニタリングしていない」ことが原因**です。手元の資料を見ていたり、近くの人ばかりを見て話してしまったりするケースがほとんどです。

相手をよく観察することが大切です。端っこに座っている人から、144ページで説明した**「相手の意識が話し手の話に向いていていない時のサイン」が出ていないか確認しましょう。**そして、意識的に端っこの人を狙って話しかけてみてください。すると、不思議なことに、相手に届く声が自然と出てくるようになります。

発声についてさらに詳しく学びたい方は、227ページの「（1）良い発声をする」をご参照ください。

これで「話し方」の章は終了です。ここまでで、対話の土壌はしっかりと耕されました。次の章では、具体的にどう相手とやり取りをしていくのか、「問いかけと受けとめ」についてご紹介します。

わかりやすい・聞きとりやすい話し方をする

(1)短文で話す

(2)結論から話す

ＰＲＥＰを使うと、言いたいことを結論から論理的に伝えることができる

(3)語尾に変化をつける

①基本形②否定形③疑問形④体言止め、形容詞止め、動詞止め

(4)適切なスピードで話す

４００字／分で話す速度を身体で覚える

(5)活舌良く話す

①母音法②連母音の練習

(6)声をきちんと届ける

第6章

問いかけと受けとめ

～相手が話しやすい
問いかけと受けとめで
さらに
対話を進める

プレゼンが上手な人ほど、相手に話してもらうのがうまい

第5章では、対話のための「話し方」についてご説明しました。対話を意識した話し方には、さまざまなコツがあることをご理解いただけたと思います。

この話し方を実践すれば、相手との対話は自然と始まるでしょう。それが、対話を引き出す話し方の力です。しかし、対話をより実り多いものにするかどうかは、この章でお話しする**「問いかけ」**と**「受けとめ」**にかかっています。

「『どれ、ひとつ提案を聞いてじっくり品定めしてやるか』と思っていたのだけど、気がついたら私のほうがたくさんしゃべってしまっていました。でもおかげで、なんとなく問題や打ち手が見えてきた気がします」

もしプレゼン後に相手の上席者からこんな言葉が出てきたなら、そのプレゼンは成功と言えるでしょう。そう、**プレゼンが上手な人ほど、相手に話してもらうのがうまい**のです。

相手に問いかけ、受けとめ、そのサイクルをまわすことで、プレゼンはどんどん伝わるようになります。それだけでなく、時には相手から思わぬ発想が生まれることもあるでしょう。

ここでは、対話を深めるための「問いかけ」と「受けとめ」の技術について学びます。

「問いかけ」とは、相手が答えやすい質問をすることです。

「受けとめ」とは、相手の答えをしっかり受けとめ、さらに相手が話しやすい雰囲気を作ることです。

では、まず問いかけについてお話ししましょう。

1 「問いかけ」を身につける

(1)「問いかけ」で対話はまわり始める

話し手から積極的に問いかけましょう。前の章までの「プレゼン前の空気の作り方」と「話し方」によって、対話の土壌は整っています。しかし、それだけでは相手がアタマの中にあることを口にしてくれない場合もあります。中には「話し手がプレゼンしている間はじっと聞いているものだ」「途中で口を挟んではいけない」と考えている人もいます。また、プレゼン相手が無口な場合もあるでしょう。

「問いかけ」でまわり始める対話のサイクル

❶問いかけにより、相手が「気持ちや考えを表明できる」機会を作る

▼

❷相手が話してくれる

▼

❸話し手が相手の気持ちや考えを汲み取れる

▼

❹相手の立場に立ったプレゼンができる

▼

❺さらに対話が進む（→❶へ戻る）

こうした状況では、まずこちらから問いかけることが重要です。**問いかけをきっかけに、対話のサイクルをまわし始めることができます。**

(2)プレゼン前に問いかける

「第4章　プレゼン前の空気の作り方」のアプローチ方法で、プレゼン前に問いかけのウォーミングアップをしておきましょう。

第4章で、プレゼン前の7つのアプローチをお伝えしました。実はこれ、相手への「問いかけ」になっているものがほとんどなのです。

①空気作りのアプローチを使ってプレゼン前に問いかける

- 名刺交換で相手の名前の読み方を確認する
- 目についたもの、気づいたことを褒める
- 話しやすい話題を出す
- 打ち合わせの終了時刻を確認する

・本題に入る時に「目的地」と「道のり」を示し、確認する

これらはすべて、相手に問いかけ、何らかの反応をもらうことで軽い対話が生まれるものです。対話のサイクルをまわし始めることができますから、丁寧に明るく行いましょう。

(3)プレゼン中・プレゼン後も問いかける

①ページや章の変わり目で問いかける

「ここまで大丈夫でしょうか」
「何かご質問はないでしょうか」
「いままでのところでご不明なところはないですか」
「次に進んでよろしいでしょうか」

節目節目でこちらから積極的に問いかけることで、相手の理解が追いついていない部分や、プレゼンを聞いている中で生じた疑問を

早めに拾うことができます。
資料が章立てになっている場合は各章ごと、そうでない場合は2〜3ページに1回程度の節目で問いかけを行うと良いでしょう。このタイミングでの問いかけが、相手との対話を深める鍵になります。

②相手の意識が話し手の話に向いていない時に問いかける

第5章「話し方」の章で挙げた「相手の意識が話し手の話に向いていない時のサイン」が見えたら、確認の問いかけを行いましょう。

相手の意識が話し手の話に向いていない時のサインの例

- 話し手ではなくよそを見ている
- 動きや表情が固まっている（話し手に目が向いていても、その場合がある）
- 資料をどんどん先にめくっていく
- 資料の、いまの話題と関係ない箇所を見ている
- ほかのことをしている（スマホを見るなど）

こういったサインが出ている場合には、必ず口頭で確認しましょう。

「何か気になっていることがありますか」
「（相手が見ているページを確認して）○○が気になりますか」
「ここの部分はもうおわかりになっている感じでしょうか、次にいきましょうか」

などと問いかけます。

③プレゼン後に問いかける

プレゼン後には、必ず質疑の時間をとりましょう。

「以上が今回のご提案です。ご質問はないでしょうか」
「お尋ねになりたいことなどあれば、ぜひ伺わせてください」

相手からいただいている時間が終了するまでに、まずは相手の感想や疑問をすべて出してもらうことを心がけましょう。

(4)もっと聞きたい気持ちにさせるよう問いかける

①相手が聞きたいことについて問いかける

プレゼンの相手が具体的に知りたい、聞きたいと思っていることについて尋ねましょう。

以下はそのやり取りの例です。

相手が聞きたいことについての問いかけ　例1

「従来商品を使っていて、気になっているところ、使い勝手が悪いなと思っているところはありませんか?」

「そうですね……ちょっとユーザーインターフェースが悪いと気になっている点はあります」

「ですよね、そういったご意見が多いんです。資料の8ページにその説明がありますので、そこで詳しくご説明しますね」

相手が聞きたいことについての問いかけ　例2

「最近の傾向として、検索エンジン経由よりもSNS経由の導線を重視しておられるクライアントが増えています。御社ではその点、いかがでしょうか」
「そうですね、当社は完全なBtoBですので、その点では個人中心のSNSよりはまだ、検索エンジン、もしくは業界関連のWebニュース等からの流入も重視しています」
「なるほど、ではそちらを中心にお話しできればと思います」

こうしたやり取りを通じて、**相手が聞きたいポイントが明確になります**。その結果、**不必要な説明を短縮でき、効率的なプレゼンが可能になります**。また、必要に応じて時間配分を調整することもできるでしょう。

②相手が続きを知りたくなるように問いかける

表現方法の1つとして、相手が続きを知りたくなるような問いかけをプレゼンの中に埋め込むこともできます。

こちらは実際に受け答えはしないので、私は**「反語表現としての問いかけ」**と呼んでいます。

相手が続きを知りたくなる問いかけ　例1

「オフィス内の無人お菓子販売サービスはたいへん好評ですが、管理元の総務部門などにおいても問題なくお使いいただいているといえるでしょうか？　回収箱に回収した料金が実際の販売代金と合わない、という事象が発生しています。今日はその問題を解消する方法もご説明します」

相手が続きを知りたくなる問いかけ　例2

「商品を買い物カゴに入れても、最終的に『購入する』を押さないユーザーは物販サイトの平均で○○パーセントいます。ここを改善しないでいいものでしょうか？　今回のサイトリニューアルでは、この数値の○○パーセント向上をKPIの1つとします」

これらの問いかけには、**相手のアタマの中に問いを設定させることで、プレゼンからの離脱を防ぐ効果があります**。聞き手が問いに意識を向けることで、プレゼンへの集中が持続します。適度に取り入れることで、プレゼンに起伏が生まれ、より魅力的で聞き手の興味を引きつけるものになります。

(5)やってはいけない問いかけと大切な心構えを知っておく

①相手を試したり、恥ずかしい思いをさせたりしない

相手が「試されていると感じる」「答えるのが恥ずかしくなる」問いかけはやめましょう。

時折見かけるのが、相手の知識や経験の有無を問う質問を連発してしまうケースです。質問をしているご本人には悪気はなく、相手の興味を引こうとしているのですが、**相手の気持ちへの配慮が不足していることがあります。**

「あれも知らない」「それはまだやっていない」という答えを続けていると、相手は良い気分ではいられません。このような質問が重なると、聞き手の心を閉ざしてしまう可能性があります。

相手を試してしまっている質問の例

「○○というサービスがいまアメリカでかなり導入されているのですが、これ、ご存じですか？」

「この業界におけるトレンドが、あるできごとによって一気に変わりました。お聞きになったことありますか？」

「試されていると感じる」
「答えるのが恥ずかしくなる」
問いかけはNG

「この方式、目ざとい企業はけっこう取り入れていますが、御社でも実行されていますか?」

こういった質問は避けましょう。相手が答えられない状況を作ると、対話の空気が冷え込んでしまいます。相手が恥をかくような状況にならないよう、充分に配慮することが大切です。

どうしても尋ねる必要がある場合は、**相手との確かな信頼関係が築けてから**にしましょう。それまでは、相手が安心して話せる雰囲気を保つことを優先してください。

②知らないことは素直に尋ねる

知らないことは遠慮せず、率直に尋ねてしまいましょう。仕事においては、聞いていけないことは存在しません。

尋ねるのをためらう場面、ありますよね。「知っていて当然のことではないのだろうか」「こんな突っ込んだことを尋ねていいのだろうか」といった理由で、相手に質問するのを躊躇してしまうことがあります。

たとえば、クライアントの事業の細かな内容や社内のルール・慣習。社内の打ち合わせでも、上層部の方針決定の理由や細かい数字などを尋ねるのはためらわれるものです。そんな時、次の３つのポイントを念頭に置いておくと気持ちが楽になります。実はこれは、私が前職の社長に教えてもらい、いまでも大切にしている教えです。

a. 物事には、単に「聞かれていないから教えていないだけのこと」と「理由があって明かされていないこと」の2通りある

b. もし前者なら、教えてくれる。後者なら、その時は相手が「答えない」選択をするだけ。質問すること自体で悪い印象を与えることはない

c. コツは、「勉強不足ですみません。知らないので教えていただけますか？」と、謙虚に聞くこと

これで大丈夫。「聞くは一時の恥、聞かぬは一生の恥」とはよく言ったものです。

「問いかけ」を身につける

(1)「問いかけ」で対話はまわり始める

(2)プレゼン前に問いかける

①空気作りのアプローチを使ってプレゼン前に問いかける

(3)プレゼン中・プレゼン後も問いかける

①ページや章の変わり目で問いかける、②相手の意識が話し手に向いていない時に問いかける、③プレゼン後に問いかける

(4)もっと聞きたい気持ちにさせるように問いかける

①相手が聞きたいことについて問いかける
②相手が続きを知りたくなるように問いかける

(5)やってはいけない問いかけと大切な心構えを知っておく

①相手を試したり、恥ずかしい思いをさせたりしない
②知らないことは素直に尋ねる

2 「受けとめ」を身につける

(1)「受けとめ」モードに切り替える

あなたの問いかけに応じて相手が話し始めたら、受けとめモードに切り替えましょう。

本書でこれまで述べてきたことを実践しようとしているのであれば、あなたはすでに「受けとめ」の準備が整っていると言えます。相手をよく観察し、充分な「間」を意識して話し、具体的な言葉で問いかけるという行為自体が、相手のことを受けとめる姿勢を示すものだからです。

ここでは、実際に対話をしている際の「受けとめ」の具体的な方法について学びます。**あなたの「問いかけ」により相手が話し始めたら、すぐに「受けとめモード」に切り替えることが重要です。**その瞬間、自分が話す側ではなく、**むしろ「プレゼンをしているのは相手である」という姿勢で耳を傾ければ良い**のです。

ところで、あなたは誰かの悩みごとを聞いているうちに、話している相手が何かに気づき、解決のヒントを見つけたという経験はありませんか？　人は、誰かに話を聞いてもらうことで、自分の考えを目の前に広げ、それを見つめ直し、整理することができるものです。私自身も、そんな瞬間を何度も経験してきました。

そのため、相手に話をしてもらうことには大きな意味があるのです。受けとめながら耳を傾けているうちに、相手の口から「本質的な問題」や「目指すべき姿」がふとこぼれ出ることが少なくありません。それは、新たな視点や解決策を見つける貴重な瞬間となるのです。

(2)相手の言葉を引き出す技術を使う

話してもらうのに重要なのは、相手が「自分の言葉をちゃんと聞いてもらっている、考えや気持ちを受けとめてもらっている」と感じることです。

たとえばプロのカウンセラーやコーチは、相手がより話しやすくなるようにいろんな技術を使います。ここでは、その中から基本的な受けとめの技術をお伝えしましょう。

①正しい姿勢をとる

相手に身体をまっすぐ向け、適度に背筋を伸ばしながら、リラックスした姿勢で向き合うことが大切です。ふんぞり返ったり、極端に前かがみになったりしないように注意しましょう。

②笑いたい気持ちがなくても、笑顔をうかべる

口角を上げることは、自然な笑顔を作る第一歩です。たとえ笑いたい気持ちがなくても、左右の口角を斜め上に引き上げ、優しい目つきで相手に向き合ってみましょう。不思議なことに、そうすることで気持ちも少しずつ前向きになっていきます。笑顔をより自然にするためには、口まわりの筋肉を鍛えることも効果的です。たとえば、口を横に大きく引っ張り「イー」という音を出す形を作る練習を繰り返すと、笑顔がより簡単に作れるようになります。

③「、」や「。」といった切れ目でうなずく

相手の話に対して黙ってうなずくことは、相手に関心を示し、話を受け入れているというサインになります。特に**「、」や「。」といった意味の切れ目でうなずくと、自然なタイミングで反応を示せるため、相手に安心感を与えることができます**。このようなうなずきは、相手との対話を深める手助けとなるのです。

④自分が使いやすいあいづちを、適度にうつ

会話の中で**「はい」「ええ」「そうなんですね」「なるほど」**など、**自分が使いやすいあいづちを適度に取り入れることで、相手に話をきちんと聞いていることを伝えられます。**ただし、**「なるほど」という表現については、多用すると相手によっては不快感を持たれる場合があるため注意が必要**です。特に相手が目上の立場である場合やフォーマルな場面では、あまり使わないほうが良いでしょう。

⑤相手の言葉をそのまま返す（「伝え返し」をする）

伝え返しは、復唱とも言います。**伝え返しとは、相手の言葉をそのまま返すことを指します。**この手法を用いると、**相手の「自分の話をしっかりと受けとめてもらえている」という安心感や信頼感を一気に高めることができます。**復唱することで、相手の言葉や思いを尊重し、対話の中での共感や理解がさらに深まるのです。伝え返しはこんな感じで行います。


「現状、うちの部署では10人の営業が動いています。ただし成果には個人により差があるんですよね。いくつかの**問題**があるのではと思っているのですが」

「**問題**、ですか」

「ええ。たとえば、ロケーションの割り当て。現在は、各担当に地図上で大まかに均等な面積を割り当てているのですが、必ずしも**同じではないんです**」
「**同じではない**、と言いますと」
「具体的には……」

相手の言葉をよく聞き、その中から**「相手がもっと話したそうなこと」**や**「自分が特に興味を引かれたこと」**を選んで、**それをシンプルに、まるでポンと目の前に置き直すように提示するイメージ**です。

たとえば、相手が話している中で気になるポイントを見つけたら、「それ、もう少し詳しく聞かせていただけますか？」や「その部分、とても興味深いですね」といった形で相手に投げ返すと良いでしょう。このアプローチにより、相手はさらに話を深めるきっかけを得ると同時に、自分の言葉がしっかり聞き取られ、受けとめられていると感じることができます。

集中して聞いていると、少しだけ力がこもったり、高い声になったりするのでわかります。それを短く反復することで「そう、それを話したかったんです！」と、さらに関心ごとを話してくれるのです。

相手の言葉をそのまま返す「伝え返し」は安心感・信頼感を高める

使い慣れるまでに少し時間が要りますが、使えると相手がどんどん話をしてくれるようになります。効果は大きく、個人的にはぜひ使ってもらいたい技術です。

⑥相手の言葉を「要約」して話す

相手の言葉を要約して話すことで、自分が正しく理解できているかを確認することができます。

要約はこんな感じで行います。

「このごろは業務が増えてなかなか伝票整理業務に集中することができませんね。日中は他部署からの問い合わせへの対応がありますから、落ち着いて作業ができるのは午後5時以降になってしまいます。伝票は別フロアの事務処理室にまとめてありますから、そこに移動して作業するとなると、どうしても後回しになりがちなんです」

「そうなんですね。業務の多忙さ、別の場所への移動、その2つが伝票整理の妨げになっているということでしょうか」

「そうですね」

要約は論点の整理でもあります。「いま何の話をしているか」を双方が認識しているかはディスカッションの基本。受けとめと同時に整理を行うことで話が散漫になることも防げます。

⑦相手の気持ちや感情を汲み取り、言葉で返す

相手の言葉から感情や気持ちを汲み取り、それを言葉にして返すことで、共感や理解を示すことができます。

「それはうれしいことですね」
「なるほど。ちょっとしんどいですよね」

といった言葉を使うことで、相手の気持ちを受けとめることができます。

ただし、相手の感情が明確に表れている時に行うのがポイントです。安易に連発してしまうと、「なんでもわかった気にならないで欲しい」と思われてしまう場合もあります。そのため、「ここぞ」というタイミングを見極めて使うことが大切です。

（3）受けとめでも「間」を意識する

相手に問いかけたあとは受けとめるための「間」を充分にとりましょう。

すぐ後追いで言葉を発しないことです。

間をとれていない例

「今回の業務改善プロジェクトにおいて、特に力を入れたいポイントはありますか？」

「えーと」

「（間髪入れず）メンバー構成とか、進捗《しんちょく》管理の方法とか」

「うーん、まあ、それで言ったら進捗管理ですかねえ」

なんということのない会話に見えますが、実はこれ、**２番目の問いかけにおいて、相手の自由な発想を妨げている場合があります。**

相手がぼんやりと何かを思いつきかけているタイミングで、「たとえば○○とか、○○とか」と具体例を挙げて質問をしてしまうと、その選択肢に発想が限定されてしまうことがあります。

あとあとになって、「実はあの時に、あれが気になっていたんだよな」ということになりかねません。仕事では効率が重視されるため、「思いつく選択肢をざっと挙げ、その中からぱっと選ぶ」というスタイルが習慣化していることがよくあります。さらに、商談や打ち合わせの場では、「私は知っています」「私は細部にまで気を配っています」ということを無意識にアピールしようとする心理が働きがちです。その結果、「あと追い問いかけ」が生まれるのです。

間をとれている例

「今回の業務改善プロジェクトにおいて、特に考慮したいポイントはありますか？」

「えーと……」

「……（待つ）」

「そうだな……」

「……（待つ）」

「そうだ、メンバー選出の際の、各部署への働きかけ方が気になっています。前回、けっこう苦労したんですよね」


「間をとれている例」のように待ってみましょう。相手が考える時間を与えることで、自由な発想を促すことができます。相手が話している時は、言うなれば相手にとってのプレゼンの時間。あなたが自分のプレゼンで間を大切にするように、相手の間もまた、尊重しなければなりません。

(4)知らないことは知らないと答える

知らないことは「知りません」と素直に答えましょう。

対話するプレゼンを行っていると、相手からもいろんな質問が出てきます。これは、とても歓迎すべきことです。一方で、**「答えられないような質問が来たらどうしよう」**という不安が生じるかもしれません。

そのような場合でも、正直に対応すれば問題ありません。

「申し訳ありません、それについては不明な点がありますので、のちほどメールで回答させていただいてよろしいでしょうか」
「不確かな回答になってしまいかねませんので、確認してから改めてお答えさせてください」

このように答えましょう。

「知らない」ということを認めつつ、その後のフォローを必ずセットで伝えることで、自分も相手も安心できます。

あやふやな回答は必ず見抜かれるものです。自分の評価を下げたくない一心でごまかしてしまうと、結果的にはかえって相手の信頼を損ねてしまいます。正直に答えることで損することはありません。

対話するプレゼンにおいては、相手に対する正直な態度が大切です。

(5)筋道を外れた場合は、相手と相談する

予定外の話題が出て、それが長引きそうな場合は、相手と相談しながらその場をどう進めるか決めましょう。

ある意味「脱線」です。相手の要望を「受けとめ」、用意したプレゼンストーリーから外れた話をするのは、しかし相手がそれを気にしている以上は取り上げなければいけません。

しかし、時間には限りがあります。そのため、予定外の話が長くなりそうだと感じたら、相手にその場をどう進めていくかの確認をとりましょう。

「どうしよう、時間もなくなっていっているけど、用意してきたものも説明しないといけないし」とアタマの中で考え始めると、「いまここ」に集中できなくなってしまいます。こうした状況を

避けるためには、そう感じた瞬間に聞くのがポイントです。

「すみません、頂いている時間は11時までですよね。この話は概要にとどめておいて、いったん用意した資料のご説明に戻ろうかと思いますが、いかがでしょうか？　もしもう少しこの話を続けたいということであれば、そのように進めます」

「対話するプレゼン」においては、あなたは**プレゼンターであると同時にその場の進行役でもあります**。ただし、その場の進行責任を1人で背負いこむ必要は全くありません。全体の時間の使い方をどうするかを考えつつ、気になることはすべて、その場の参加者たちと話し合ったうえで決めましょう。

(6)時間切れが気になったら、進め方を確認する

相手の言葉をしっかり受けとめた結果、残り時間が足りなくなるケースも出てきます。その場合もあせらず相手に確認をとりましょう。

「資料の後半部分の説明が完全には終わらないかもしれませんが、どうしましょうか？
改めてご訪問させていただくか、あるいはオンラインで追加のご説明をさせていただくか。
ご希望を教えていただけませんでしょうか？」

最初から最後まで相手の意向を汲み取らず一方的に話を進めて時間配分に失敗すると、「いや、それはあなたが好きに時間を使った結果でしょう？」と不満を抱かれかねません。対話しながら相手の意向を尊重しながらともに進めていれば、こういう相談もスムーズに行うことができます。

独り相撲のプレゼンをしない。それが「対話するプレゼン」です。

プレゼン上手な人とは、
相手が答えやすい質問を「問いかけ」、
相手の答えをしっかり「受けとめ」る人。

第7章

1対多でのプレゼン

～1対多の場面で
「対話するプレゼン」を
使いこなす

1対多の場面だからこそ活きるノウハウとは何か？

前章までは、テーブルを挟んで行う「ふだん使い」のプレゼンを想定したノウハウをお伝えしてきました。

本章では、少しかしこまった、1対多でのプレゼンをうまく行う方法を学びましょう。実は、ここまでに学んだことだけでも、1対多のプレゼンは充分うまく行えます。基本的な考え方は変わらないからです。

一方で1対多の場面だからこそ使えるノウハウもあります。この章では、前章までのおさらいもしつつ、さらにプレゼン上手になるコツを身につけましょう。

この章で想定している1対多の場面および1対多に特有の要素は次のようなものです。

1対多プレゼンで想定している場面

- 営業セミナー
- 採用説明会
- コンペ
- 全社や事業部単位での、期首目標発表会や期末の成果報告会

・部署をまたいだ大きな会議での企画プレゼン

1対多プレゼンに特有の要素

・話す側は会場の前方で、聞く側に向き合って位置をとる

以下はない場合もあります。

・スクリーンにスライドを投影する
・演台がある
・マイクがある
・ステージがある

以上を想定して本章を読み進めてみてください。

1 「1対多プレゼン」と「ふつうのプレゼン」、どこが違うのか？

まずは、1対多プレゼンにおける対話のやり方を1つずつお話ししていきます。

(1)たとえ相手が100人でも、一人ひとりと対話をする

1対多でのプレゼンで最も大切なことは「相手が何人でも、一度に話すのは1人」ということです。

1対多の場合だと、聞き手が数十人いる場合もあります。話し手にはどうしても「全員に向かって話さなければ」という意識が生まれがちです。顔を小刻みにキョロキョロさせて、常に全員に話しかけようとする。しかしそれでは、実は話は伝わりません。聞き手のアタマの上を言葉が上滑りし、宙に消えていってしまうような感じになってしまいます。

1文ずつ丁寧に、一人ひとりに話しかけていきましょう。言葉を優しく相手の前に置いていくように、時にはまっすぐ射貫《いぬ》くように。そういう意識で聞き手と対話をします。

1人1文でアイコンタクトしましょう

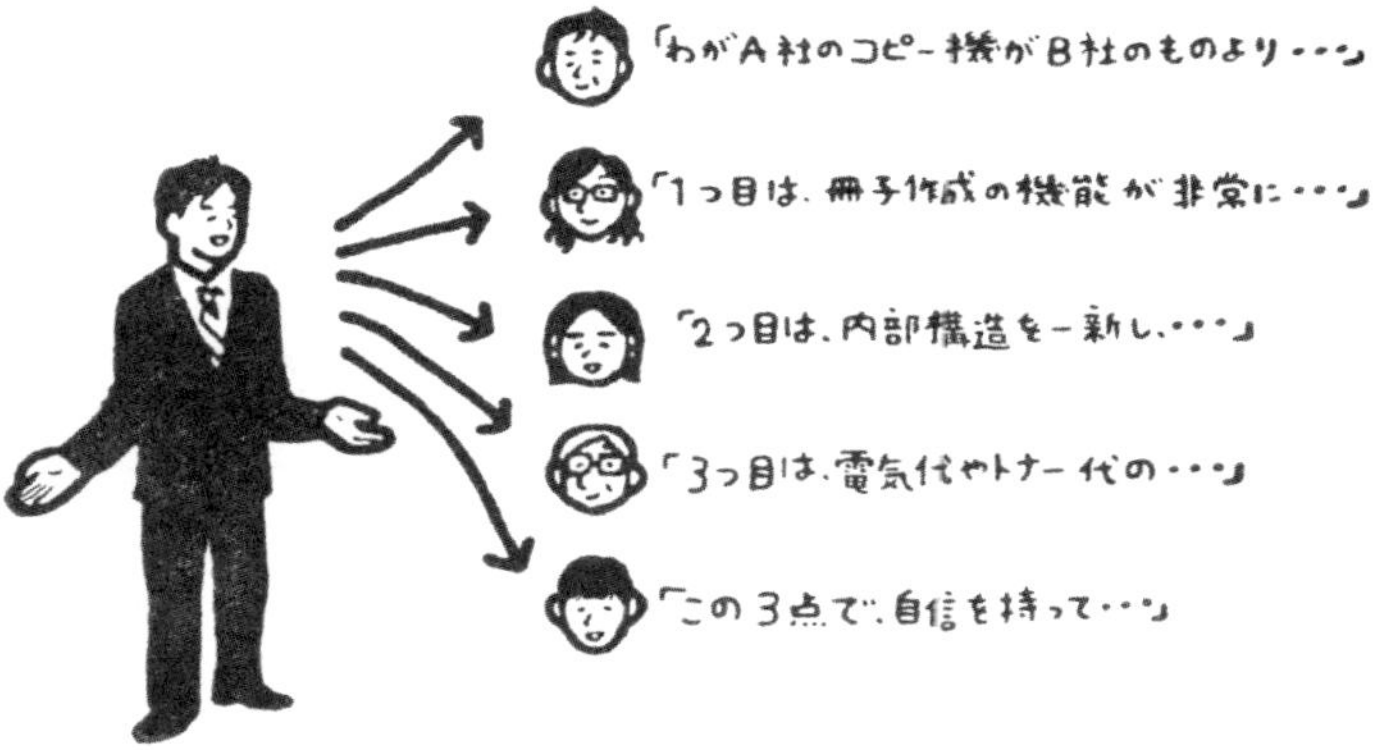

1人に対し1文を話し、次の1文はまた違う人にと、
アイコンタクトする人を変えて話していきましょう

特定の人とかみ合った対話ができている言葉には説得力が生まれます。あなたがいま話しかけている人以外に対しても、ちゃんと響くのです。

これは演劇の舞台と同じです。話しているのは舞台上の俳優どうしなのに、客席までその想いが伝わってくるのはそこにちゃんとした対話が成立しているからです。

観察することも大切です。1文を1人に伝えたら、必ずその反応を見ること。うなずいていたら、自信を持って話を進めます。腑《ふ》に落ちていないようだったら、もう少し説明を加えましょう。そういった対話を、一人ひとりと重ねていくのです。

（2）X字型、W字型のアイコンタクトをする

一人ひとりと対話をしていき、最終的にはプレゼンが終わるまでに全員とアイコンタクトをしましょう。

聞き手に順に話しかけていく場合、最初は話し手に近い人から始めると良いでしょう。たいていは、1人か2人、自分の話によくうなずいてくれる方がいるものです。まずはその方と話をするつもりで。次にその隣の人。また、隣。そうしてペースをつかみます。

慣れてきたら、会場全体に対してX字型、W字型の目線配りでアイコンタクトを行います。ポイントは、会場の最後列の人とアイコンタクトすること。

X字型、W字型でアイコンタクトをしましょう

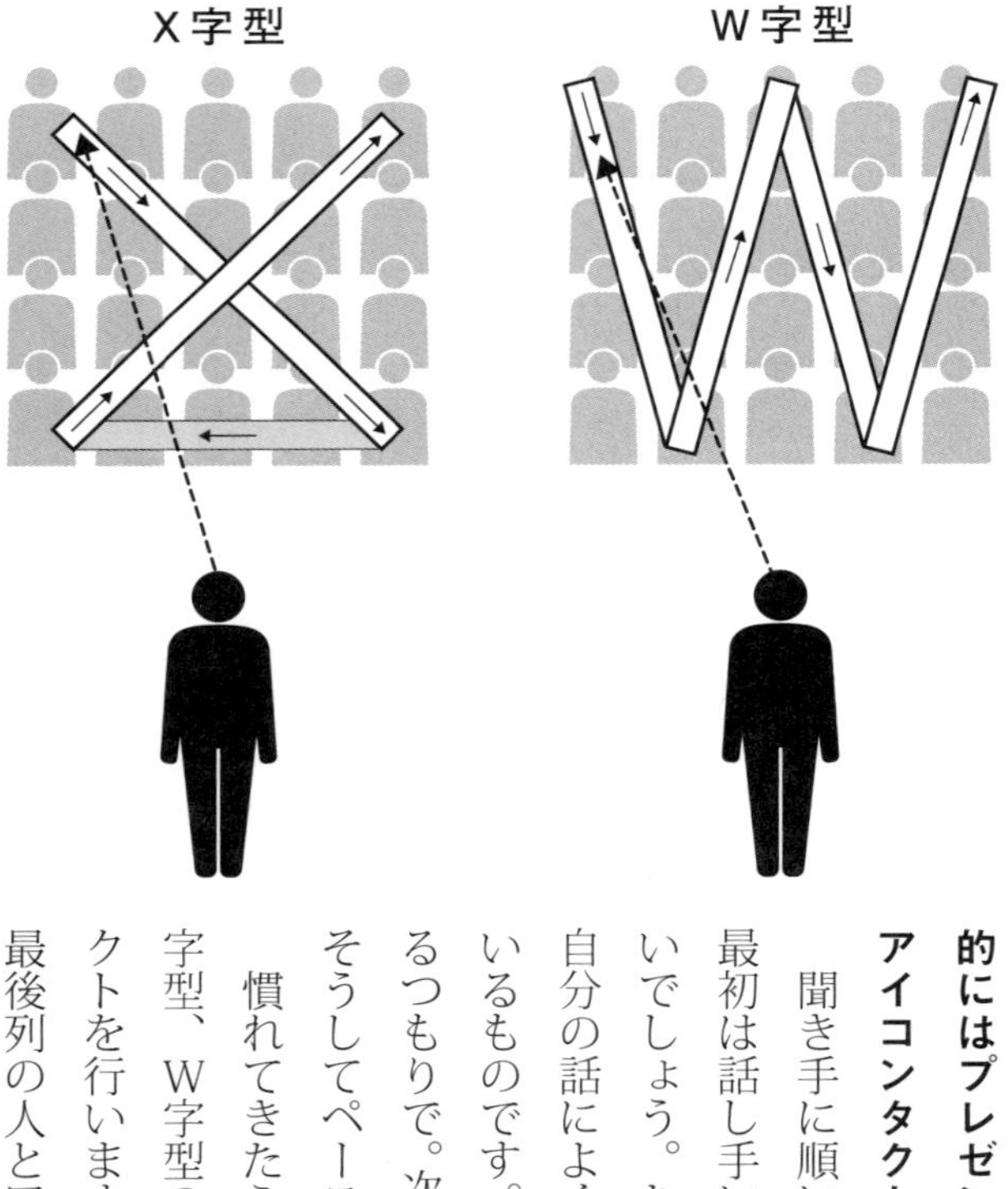

そうすることで手前の人を含め全体に対話の網をかけることができます。距離が離れている聞き手でも「この人」とターゲットを決めて話しかけると、対話的なコミュニケーションはとれるものです。

以上が、1対多プレゼンの場合の、聞き手と対話する際の基本的なルールです。これを踏まえて、プレゼンの進め方をご説明していきます。

少し場面を巻き戻して、開始前から見ていきましょう。

(3)会場の中に「味方」を作っておく

プレゼン開始前から、空気作りのタネをまいておきましょう。

その方法は、**「開始前に聞き手に話しかける→プレゼンの中でその話題を出す」**です。

たとえば自社主催の、クライアント向けの営業セミナー。開始前に参加者の中で「一番早く来ている方」や「お得意様」、「なんとなく話しやすそうな方」に話しかけてみます。まずは参加への感謝を述べたうえで、次のように質問を投げかけてみましょう。

「今日はどのあたりに興味がありますか？」
「いつも営業の○○がお世話になっていると伺っています」

こうしたやり取りで、プレゼン開始前に自然な会話が生まれ、その人たちとの関係が築けているので、プレゼン中にはその方たちの存在がとても心強いものになります。

さて、いよいよプレゼンが始まります。アイスブレイクや本題の中で、先ほど話したことを引き合いに出し盛り込んでいきましょう。

「今日はわざわざ、遠方の○○市からお越しいただいた方もいらっしゃいます。本当にありがたいことです」
「先ほど少し話をさせていただいた方から、『○○の機能がどのように進化したのか気になる』とご質問をいただきました。この点については、このあと詳しくご説明しますので、ぜひご期待ください」

話題に出された方も、悪い気はしません。ニッコリうなずきながら聞いてくれることがほとんどです。これでその人は「味方」になります。そのあとも肯定的に聞いてくれる確率がかなり上がります。会場の前方、中ほど、後方に味方を3人作っておけば、さらに安心して話を始めることができます。

注意すべき点は、**個人が特定できる形で引用しないこと**です。「そこに座っている○○会社の○○さんが」といった発言は控えましょう。断りもなく名前を出されると、相手は不快に感じる可能性があります。その話をしている時に本人をさりげなくチラッと見る程度で良いです。

プレゼン中、聞き手が大きくうなずいたり、何か言いたそうな表情をしたりする場合、その人と紐づけても良いかもしれません。そうした反応があれば、様子を見ながら少し近づいて対話をしても良いでしょう。

社内のイベントや気心の知れた間柄の場合は、もっとカジュアルに進めても大丈夫です。

(4)魔法のあいさつで聞き手の心をつかむ

あいさつ1つでも、対話的な空気を作ることができます。

以前、プレゼンのワークショップの最中に「一発でその場を支配できるひとことがあったらぜひ教えてください」と尋ねられたことがあります。さすがに「一発」「ひとこと」ではなかなか難しいものです。

しかし現場での実践や指導を繰り返す中で、最初に聞き手との距離をグッと縮めるやり方ならば見つかりました。この本を手にしたあなたにお教えします。

ポイントは2つです。まず1つ目は、「こんにちは」のあとにはっきりと間をとり、聞き手からの反応を受けとめ、そのあとに「お返事していただきありがとうございます」と返すということです。これで、聞き手は**「今日の話し手は、自分たちのことを丁寧に受けとめようと考えているんだな」**と感じます。

2つ目は、自分の名前をゆっくり丁寧に言うことです。聞き手にとってはその日初めてあなたの名前を耳にする場合も多く、特に珍しい名前や難しい漢字の場合、1回で正確に理解するのは難しいこともあります。

そのため、姓名をはっきりと発音し、必要であれば漢字の説明を加えると良いでしょう。これにより、聞き手は**「相手の立場に立った話し方もできる人なんだ」**と感じるようになります。

この手順を1つずつ丁寧に踏むことで、聞き手は話し手に対して肯定的な印象を持ち、プレゼンのスタートがスムーズになります。

最初に対話的な空気を作る「魔法のあいさつ」

①「あらためまして」と言う

（これを言うと、みなさん聞く準備をしてくれます）

↓

②「こんにちは／おはようございます／こんばんは」と言う

↓

③聞き手のうなずきやあいさつを受けとめる「間」をしっかりとあける

↓

④「お返事していただきありがとうございます」と礼を言う

↓

⑤「私の名前は『○○ ○○』です。どうぞよろしくお願いします」と名乗る

（この時「○○ ○○」の部分を、他の箇所の半分のスピードでゆっくり発音する）

↓

⑥わかりにくい名前の場合はさらに説明する

例：「あ　せ　び　　た　ろ　う」と申します。

「あせび」は漢字３文字、ウシウマのウマ、酒に酔うのヨウ、樹木のモク。

「ウマ・ヨウ・キ」と書いて「あ　せ　び」と読みます。

(5)「2段階の問いかけ」で聞き手との距離を近づける

聞き手との対話は、2種類の問いかけを順番に行うことでスムーズに進めることができます。

あいさつが済んだら本題に入る前に内容に関係するアイスブレイク的な問いかけをすることで、聞き手との距離をぐっと近づけることができます。

特に1対多のプレゼンでは、問いかけを次の手順で行うのが効果的です。

「全員に『クローズド・クエスチョン（閉じた質問）』で問いかける→個人に『オープン・クエスチョン（開いた質問）』で問いかける」です。

「クローズド・クエスチョン（閉じた質問）」とは、選択肢が限られた質問のことです。「はい・いいえ」や選択肢を指定する形で答えられる質問です。

「オープン・クエスチョン（開いた質問）」とは、自由に答えることができる質問のことです。「いつ」「何」「なぜ」といった5W1H（When、Where、Who、What、Why、How）を用いる質問が典型的です。

例を見てみましょう。以下は実際に私が講演などの自己紹介で行うものです。

1対多でのプレゼンにおける問いかけの例

①全員にクローズド・クエスチョンで問いかける

「さて、ちょっとお伺いしたいのですが、よろしいでしょうか。劇団四季の上演しているミュージカルの名前を何か知っている、聞いたことがある、という方、手を挙げてみていただけますか？　けっこう、おられますね……6割くらいでしょうか。ありがとうございます」

②個人にオープン・クエスチョンで問いかける

「手を挙げておられるそちらの方、お尋ねしてもいいですか。どんな名前をご存じですか？　うろ覚えでもよいので教えてください」

「『美女と野獣』とか、猫の出ている……『キャッツ』ですか？　聞いたことがあります」

「『美女と野獣』と『キャッツ』!!　2つも挙げられたら素晴らしいです。両方とも名作ですね。ちなみにご覧になったことはありますか？」

もう少し詳しく説明します。

①全員にクローズド・クエスチョンで問いかける

最初に全員へクローズド・クエスチョンで問いかける理由は、大きく2つあります。

1つ目は、**全員に問いかけることで、会場全体の空気を和らげられるからです**。「該当する方、手を挙げてください」と言われて聞き手の身体が動き始めた瞬間に、会場の空気がふっとあたたまるのを感じることができます。私は研修や講演に行くと、開始後とにかく早めに対話を始めます。自分もリラックスできるからです。

2つ目は、**対話のできる個人を把握できるからです**。クローズド・クエスチョンを使うことで、次にオープン・クエスチョンを投げかける対象を自然に絞り込むことができます。たとえば、「劇団四季のミュージカルを知っている方はいますか？」と全体に問いかけて手を挙げてもらうことで、その次に「具体的にどの作品が印象的でしたか？」と個人に質問しやすくなります。一方、いきなり個人を指して「そこのあなた、劇団四季の演目を知っていますか？」と尋ねると、もし答えられなければ、その人は黙り込んでしまい、会場全体が緊張する原因になります。

さらに、クローズド・クエスチョンの内容もよく考える必要があります。**「聞き手の一定の割合が当てはまりそうなもの」を選ぶことがポイント**です。たとえば、「○○を利用したことがある方」や「□□に興味を持っている方」など、答えやすい質問を意識すると良いでしょう。

たとえば営業セミナーで、あるサービスについて質問する際にはこんなバリエーションが考えられます。

「この種のサービスを会社で使っているという方、どのくらいおられますか？」
「このサービスの名前を聞いたことがありますか？」
「このサービスを使ったことがありますか？」

ある程度普及しているサービスであれば、最初の問いではほとんどの聞き手が手を挙げるでしょう。左にいくにつれて、該当する人の割合は減っていきます。順番に尋ねていっても面白いですよ。

最初からあまり該当する人がいない問いかけをすることのないように、注意しましょう。

また、**聞き手全体に問いかける場合は必ず「答え方」を具体的に指定しましょう**。「手を挙げてください」「大きくうなずいてください」と、どう反応すれば良いかを明確に伝えましょう。ただ尋ねただけではどうやって回答して良いかわからず、聞き手が戸惑ってしまうからです。

②個人にオープン・クエスチョンで問いかける

次に個人へのオープン・クエスチョンです。**会場を自由に動ける場合は、相手にできるだけ近づきましょう。**離れたままでやり取りすると、相手は大きな声を出さざるを得ず、緊張を感じやすくなります。一方、隣に立って話をするなど、近づくことで相手もリラックスし、自然な対話が可能になります。

問いかける前に必ず「お尋ねしてもいいですか？」と断ってから質問しましょう。心の準備ができていない人をいきなり指してはいけません。

相手に問いかけたら、第6章でお話しした「受けとめ」モードに切り替えて答えを受けとめます。その瞬間は個人と個人のやり取りを丁寧に行います。

個人へのオープン・クエスチョンは、この順番で行う

①問いかける前に「お尋ねしてもいいですか」と確認する

↓

②オープン・クエスチョンで
自由に答えられる問いかけをする

↓

③やり取りは「受けとめ」モードになり丁寧に行う

↓

④答えてもらったことに対して
「ありがとうございます」と感謝する

ただし、**相手の声が会場全体に聞こえているかには充分注意しましょう**。私が以前参加したセミナーでは、「聞こえるのは講師の質問や相づちだけで、相手の声はほとんど聞こえず、結局何のやり取りなのかさっぱりわからなかった」ということがありました。
相手が小さな声の場合などは、**話し手が相手の言葉を復唱して会場全体に伝える、もしくはマイクを渡して話してもらいます**。

相手からの答えの受けとめ方で気をつけていただきたいポイントをお伝えします。

個人との対話での答えの受けとめ方　NG例

（あらかじめ、「当社のサービスを使ったことがあるか」というクローズド・クエスチョンで絞り込みをしたうえで）

「当社のサービス、使ってみていかがでしたか？」

「ちょっとあまり、覚えていないです」

「あー……では隣の人に尋ねてみましょう」

注意点としては、この例のように**相手の答えを雑に受けとめないことです**。自分が期待した答えとちがう場合でも、「あー……」とだけ言って次の人に移ってしまうような対応は避けましょう。これでは、答えた人が「答え損」と感じてしまい、その後の参加意欲を失わせる可能性がありま す。自分の期待しない答え、予期しない答えでも丁寧に受け答えをしましょう。

「そうですか、忙しいお仕事ではなかなか、記憶に残らないものですよね。無理もないです。ありがとうございます！」

このように、**答えてくれたことに対しては、必ず最後にお礼を伝えて終わりましょう。**「ご意見ありがとうございます」「貴重なお話をありがとうございました」といったひとことを添えるだけで、相手とのやり取りがよりポジティブな印象で締めくくられます。

(6)プレゼン中・プレゼン後にも対話する

プレゼン中・プレゼン後にも聞き手と対話を行いながら進めましょう。

①プレゼン中に問いかける

1対多のプレゼン中にも、第6章「問いかけと受けとめ」でご説明したプレゼン中の問いかけ

「2段階の問いかけ」で聞き手との距離を近づける

（１）全員にクローズド・クエスチョンで問いかける

「はい・いいえ」や選択肢を指定する形で答えられるようにする

→①会場全体の空気を和らげることができる、②対話をできる個人を把握できる

（２）個人的にオープン・クエスチョンで問いかける

自由に答えることができる質問。５W1Hを用いる質問が一般的

→①問いかける前に「お尋ねしてもいいですか？」と断ってから質問する、②相手の声が小さければ復唱して会場全体に伝える、③相手の答えを雑に受けとめない、④最後に「ありがとうございます」と感謝する

が有効です。

プレゼン中の問いかけの例

・節目で問いかける

「ここまで大丈夫でしょうか」

「何かご質問はないでしょうか」　など

・「意識が向いていない時のサイン」に気づいたら問いかける

「何か気になっていることがありますか」

「みなさん、ここの部分はもうおわかりになっている感じでしょうか、次にいきましょうか」

・相手が続きを知りたくなるように問いかける

「従来商品を使っていて、気になっているところ、使い勝手が悪いなと思っているところはありませんか？」

「最近の傾向として、検索エンジン経由よりもＳＮＳ経由の導線を重視しておられるクライアントが増えています。みなさまの会社ではその点、いかがでしょうか」

プレゼンでは、「節目での問いかけ」や「意識が向いていない時のサインへの対応」が重要です。これらの問いかけは、会場全体の雰囲気を大まかにとらえながら行うことがポイントです。もし質問に対して手が挙がらない場合は、無理にその場を引き延ばさず、ひと呼吸おいて次に進むのが良いでしょう。

また、相手が続きを知りたくなるように問いかける場合は、**問いかけた後に2～3秒の間を取ることを意識しましょう**。この短い間が、聞き手にそれぞれの答えをアタマの中で考える余裕を与えます。

こうした問いかけを織り交ぜることで、プレゼンに緩急が生まれ、聞き手の関心を途切れさせることなく進めることができます。

②プレゼン後に問いかける

プレゼン後には、必ず質疑の時間をとりましょう。

「ではこれから質疑応答の時間とさせていただきます。お尋ねになりたいことがあれば、挙手をお願いします。なお、お時間は10分ほどとれますので、時間の限りご質問に答えさせていただきます」といった形で、質問受け付けの方法と時間配分を伝えると良いでしょう。

質疑応答を進める際には、**質問者の声が会場の他の人に聞こえない場合などを考慮して、話し**

手が質問を復唱すると親切です。あるいはマイクを渡しましょう。また、質問に対する回答は、質問者だけではなく会場全体に向けて行うように意識しましょう。

以上ここまでが、1対多のプレゼンにおける対話のポイントです。魔法のあいさつ、目線の配り方、具体的な対話のやり方など、これらの技術を使ってプレゼンすれば、一方向的なプレゼンとは全く異なるものになると思います。間違いなく、いままでよりもよく伝わるようになりますよ。ぜひ積極的に実践してみてください。

2 スライドを使いこなす

スライドをうまく使いこなし、時にはペースメイクの相棒としましょう。

1対多プレゼンではプロジェクターにスライド投影をしながら話す機会が多いと思います。スライドを読み上げるようなスタイルではなく、対話するプレゼンのツールとして使いこなすことで、より豊かなやり取りができるようになります。

(1)スライドに向かって話をしない

プレゼンで話す要点はスライドに書かれてありますから、それを見ること自体は何も問題はありません。ただし、**「スライドのほうを見たまま話をしない（読み上げない）」ことが鉄則**です。**スライドプレゼンでも「半生話法」を使いましょう。**伝わる話をするには、相手がどう聞いているかを観察し、それに対して反応していくことがまず必要です。**スライド画面上には聞き手は誰もいません！**

スライドプレゼン　話し方の基本（半生話法）

①手元のPCまたはスライド画面を見て、1つ目の箇条書き、グラフなど、アタマに入れられる分量の情報を目視で確認し、アタマに入れる

↓

②聞き手を見ながら、もしくはスライドの該当箇所を指さしながら（ただし顔は聞き手を見て）話す

↓

③繰り返す

スライドプレゼンの基本は、ふだんのプレゼンで資料を見ながら話す時と同じです。極端な話ですが、ただスライドを読み上げるだけなら、あなたがその場で話をする意味はありません。印刷したものを配布して「5分とるので、各自読んでください」とするのと変わりません。聞き手は、あなたの活きた言葉を聞きたいのです。

(2)聞き手の視線をうまく誘導する

スライド上で聞き手が一瞬たりとも迷子にならないように視線を誘導しましょう。

たとえば箇条書きが画面上に3つ並んでいる場合、

「まず1点目、一番上です」
「次に2点目、真ん中です」

といった形で順序と位置の両方を明確に伝えましょう。これだけで、聞き手はスムーズにスライドを追うことができます。図やグラフが複数ある場合も同様です。

「左側のグラフをご覧ください」
「画面下のほうに比較表がありますよね」

など、具体的に場所を指示することで、聞き手がどこを見ればよいのか迷わずに済みます。
スライドに書いていない補足や追加の話をしたくなった場合は、

「これに関連していま思い出したのですが」
「これはスライドには書いてないのですが」

と前置きをしてから話しましょう。

赤外線ポインター、もしくはパワーポイント内の機能であるレーザーポインターを使って該当箇所を指す方法もありますが、最近ではあまり一般的ではなくなっています。それよりも重要なのは、スライド1枚に表示する情報量を適切に抑えることです。

「スライド1枚は、口頭の説明で該当箇所が特定できる程度の情報量にする」ことを意識します。あまり詰め込みすぎないようにしましょう。

(3)スライドにプレゼンのペースを維持してもらう

スライド切り替えに「間」を設定しておくことで、プレゼンのペースを一定に保つことができます。

マイクロソフトのパワーポイントには、スライドショーの画面切り替えに「フェード」という効果があります。これを指定し、「効果のオプション」で「黒いスクリーンから」というモードを選ぶと、スライド切り替えのたびにいったん画面が暗転し、指定時間のあとに次の画面が表示されるようになります。

この機能により、スライドが切り替わる瞬間のスムーズ度が向上し、視覚的に落ち着いた印象を与えます。また、話し手自身のペースも自然に整います。

切り替わりの秒数は0・75~1秒程度が良いでしょう。ちょっとゆっくりめに感じるかもしれませんが、それに見合う落ち着いた口調で話すことで、プレゼン全体に安定感が生まれます。

3 声を使いこなす

1対多の場面では、正しい発声でしっかりと伝わる大きさの声を出すことが求められます。ここでは、発声法や・マイクの使い方をご紹介します。

(1)良い発声をする

よく通る声は、張り上げることではなくリラックスした呼吸から生まれます。

声の通りを良くしたい、もう少し張りのある声を出したいという方は、「腹式呼吸」を使った発声を意識してみましょう。

腹式呼吸とは、息を吸う時にお腹を膨らませ、吐く時にお腹をへこませる呼吸法です。この方法を使うことで、喉や胸に余分な負担をかけず、安定した声を出すことができます。俳優、歌手、アナウンサーといった声を使う職業の人々は、この腹式呼吸を基本として発声しています。お腹から声を出す感覚を身につけることで、声がよく通り、張りのある響きが得られます。

これに対して胸式呼吸は、胸を膨らませたり、へこませたりして行う方法です。多くの人が日常的に胸式呼吸をしていますが、良い発声を目指す場合には腹式呼吸がより適しています。

①腹式呼吸の練習で良い発声をする

腹式呼吸を意識するために、以下の腹式呼吸の練習法をご紹介しておきます。

寝て行う腹式呼吸の訓練方法

①あおむけになり、膝を立てる。両手で下腹部を強く押しながら息を吐く

↓

②両手の力を抜き、「ハッ」と息を吸い込む。同時に、お腹を膨らませる

この吐く、吸うを20回繰り返します。この訓練の時は、床面に腰がピッタリついていることを意識できると正しい姿勢がとれます。

立って行う腹式呼吸の訓練方法

①足を肩幅に開き、つま先を外側に開き、膝を外側に曲げる。背中はまっすぐ姿勢良く
↓
②下腹に両手を当て、下腹が動くのを意識しながらお腹を膨らませてゆっくり息を吸う
↓
③この時、胸や肩で息をしようとしない。お腹だけを膨らませることを意識する
↓
④下腹の動きが確認できたら、犬のように「ハッ、ハッ」と呼吸する。腹筋の動きだけで吸う、吐く、を繰り返す

※ここまでを20回行ったら少し休む、を5回繰り返します。

なお、実際には空気は腹に入るのではありません。そもそも肺は胸部にあります。腹部を大きく柔軟に膨らませると、肺の下にある横隔膜がそのぶん下に下がり、結果として肺に空気が多くため込めるようになります。

呼吸のコントロールを腹で、音を生み出すことだけを喉で。作業を分担することができると、余分な力みがとれて大きな声が出せるようになっていくのです。

②あくびの発声で豊かに響く声を出す

より響きのある声を出す練習です。あくびしているように喉を大きく開けて発声することを意識して発声してみましょう。

まずリラックスして立ち、喉がまっすぐになるように顔を上に向け天井を見るようにします。口を大きく開け、そこから身体の中に向かって太い大きなパイプが通っているのをイメージしてあくびのような声を出してみましょう。それが声帯や周辺の筋肉がリラックスしている状態です。この時の喉の状態を覚えておき、前を向いて話す時もこの声をイメージして出すようにします。喉の奥が大きく開いた状態となることで、力みなくよく通る声が出せます。

③聞き手に狙いを定めて声を出す

発声練習についてご説明しましたが、声を相手に届けるのに大切なのは「届けようとする意識」です。１人の相手をよく見て、声が届くように狙いを定めて話すことで大きな声が出るものです。

１対多でのプレゼンでは、全員に声が届いているかに常に気を配りましょう。話し手の声が届いていなければ、聞き手はこんなリアクションをとります。

話し手の声が届いていない時の聞き手のリアクションの例

・固まったまま動かない
・首をかしげる
・キョロキョロして、他人には聞こえているのか見る
・左右どちらかの耳を前に向ける　など。

こういったリアクションが出てきたら、あなたの声は聞こえていないかもしれません。その相手に向けて「声で射貫くような意識」を持って話してみましょう。

(2)マイクを正しく使う

会場にマイクがあるなら、積極的に使用することをおすすめします。

「届けようとする意識」は確かに重要ですが、無理に大きな声を出す必要はありません。マイクがあるなら無理せず使うべきです。無理して張り上げて地声で話していると、話し手は疲れてしまいます。また力んだ声は耳に優しくありません。聞き手をも疲れさせてしまいます。

小さな会場だから大丈夫だろうと思っていても、人の衣服や身体は音を吸収するため、本番では思ったよりも声が届かないことがあります。私自身も経験していますが、こうした状況を避け

るために、マイクは積極的に使用するのが得策です。
マイクの使用で注意するのは以下の2点です。

①マイクは口の真正面に正対させる

講演などを聞いていると、「マイクを使っているのに聞き取りにくい」ということがあります。これは、話し手がマイクを正しく使っていないことが原因です。特に、胸の前あたりにマイクヘッドを置いている場合、音を充分に拾えず、聞き手にとって大きなストレスとなります。

音声は口から前方にまっすぐ飛んでいくため、胸の位置にマイクがあると声の方向と完全にずれてしまいます。ボーカリストを観察すると、マイクは口の真ん前、時には唇に接するほど近い位置に構えています。これは、マイクの性能を最大限に活かすための基本的な使い方です。

マイクの性能をフルに引き出す使用法としては、まずハンドマイクを口の真ん前に垂直に構え、数センチ離すようにします。もしくは、アゴの先端にマイクをつけてもいいです。正対していなくても距離が近い分、声をしっかりと拾ってくれます。

ピンマイクの場合も同様で、なるべく口の近くに留めないと音声を拾いにくいです。両方選べる会場なら、私は迷わずハンドマイクをおすすめします。

②会場内に適正な音量で届いているか常に注意を払う

マイクを正しく使えてもボリュームが小さければ、意味がありません。そのため事前に音量を必ず確認しておくことが重要です。会場に人が入ると音は衣服や身体に吸収されて小さくなりますから、本番でも聞き手に直接「音量はどうですか？　小さすぎたり、大きすぎたりしませんか？」と尋ねて確認しましょう。

(3)声の4要素を理解して声を出す

声の4要素を理解しておくと、「こんな話し方をしたい」というイメージに近づけやすくなります。

特に1対多のプレゼンでは、少しドラマティックに伝える技術を身につけると、聞き手に強い印象を与えることができます。俳優が豊かな感情表現をセリフで行うように、話し手も声の使い方を工夫することで、伝えたい内容をより効果的に届けることが可能です。この声の表現には、主に以下の４つの要素が関係しています。

声の4要素

①音量 声のボリューム
②高さ 音の高低
③速度 話す早さ
④声色 声のニュアンス。太く腹から出ている声、弾むような軽やかな声、細く芯のない声、震えている声など

この4要素のどれかが極端に偏ると、プレゼンが聞きづらくなってしまうことがあります。とはいえ4要素を個別にコントロールするのは難しいものです。そこで、理想の話し方を思い浮かべ、それを真似してみる方法が効果的です。ここでは俳優さんの演じる役のタイプを2つ、挙げてみましょう。

役のタイプとそれぞれの声の特徴

役のタイプと主に演じる俳優	リーダータイプ **渡辺謙**さん、**天海祐希**さん など	お調子者・気弱タイプ **ムロツヨシ**さん、**佐藤二朗**さん など
① **音量**	中程度で安定	極端に変わる
② **高さ**	やや低い	中程度もしくは高い
③ **速度**	ゆっくり〜普通	早い
④ **声色**	太く腹から出ている声	軽やかで親しみやすい声、繊細で敏感な声
①〜④の変化の幅	状況による変化が少ない	状況により振れ幅が大きい

これがそれぞれの特徴です。ご本人が、ではなく、あくまでもその方が演じているキャラクターの話ですよ。

プレゼンでは緊張することが多いので、ムロツヨシさんや佐藤二朗さんの演じるキャラクターのような特徴がつい出てしまうこともあるかもしれません。

そうならないよう、プレゼンの時にはリーダータイプに少し寄せた話し方を心がけてみましょう。前日に渡辺謙さんや天海祐希さんの映画・ドラマを見てイメージトレーニングしておくと良いかもしれませんね。

4 身体を使いこなす

1対多プレゼンは立って行うことが多いですから、身体を使うことで表現の幅を広げることができます。美しい立ち方やジェスチャーの使い方、立ち位置のとり方をご紹介します。

（1）バレエダンサーのように美しく立つ

美しく立てると、印象が変わり、自信も出てきます。

劇団四季では私の在籍当時、週6日、毎朝クラシックバレエのレッスンがありました。俳優はクラシックバレエを通じて、舞台に立つための姿勢や身体の使い方、踊りの基礎を身につけ、維持しているのです。「舞台上のあらゆる瞬間を写真に撮られても『使える』ものになるように」徹底して、そう教えられます。

美しい立ち方のコツをお教えします。ポイントは4つです。

美しい立ち方のコツ

・アゴを引きまっすぐに立つ。身体の正中線（尾てい骨からつむじをまっすぐに結んだ線）を、前後左右に傾かないように地面に垂直にする。足はつま先だけ開いても、肩幅に開いてもよい

・下腹をきゅっと引き締める。背中が曲がり下腹の突き出た「崩れたS字」やお尻を突き出す「でっちり」にならないように

・胸を張る。猫背にならないように、肩甲骨が後ろで互いに近づくようなイメージ
・肩を下げる。怒り肩にならないよう、首が長く見えてより美しい立ち姿になる

プレゼンの指導をしていると、猫背の方がたまにいらっしゃいます。自信なさげに見えてしまい、もったいないです。そういう方に立ち方をお教えすると、不思議なことに、顔つきや雰囲気も自信ありげなものに変わるのです。まっすぐに胸を張って立つ習慣を身につけておきましょう。

(2)ジェスチャーを取り入れる

ジェスチャーには視覚と聴覚、両方に訴える効果があります。

身振り手振り、いわゆるジェスチャーですが、必ずやらなくてはいけない、ということはありません。ただ、プレゼンやスピーチの名手と言われる人たち、スティーブ・ジョブズ氏、ドナルド・トランプアメリカ大統領などはいずれもジェスチャーが印象的です。彼らの場合は、伝えたいという強い思いがあるので、口だけでは足りないのでしょう。表情や手や足に、あふれ出てくるのです。ジェスチャーを使ってみましょう。

ジェスチャーの効果は2つあります。

①視覚的に理解を促進する

たとえば、「大きな」と言う時に、両手を大きく広げれば、聞き手は視覚でも「大きさを表しているんだ」ということが理解できます。

②話し手の言葉の輪郭をより際立たせる

実は視覚に訴えるだけではありません。たとえば演劇の稽古の時に、椅子に座って台本を読むのと実際に立って動きをつけて読むのとではセリフの印象ががらっと変わります。少し身体に動きをつけるだけで、ニュアンスが一気に立ち上ってくるのです。

ジェスチャーのコツは「やる時ははっきりと、大きく」。ジェスチャーで表現できるものの一例は以下です。

ジェスチャーの例

・数を表す

「2つあります」「3つの例をお伝えします」

・動きや推移を表す

「左から右に動かします」「最近の株価の動きは……」

・形状を表す

「四角い箱」「大きなボール」

・心情や状態を表す

「ドキドキ」「フワフワ」

ジェスチャーについては、「こうでなければならない」というタブーはありません。心のおもむくままに、自由に表現してみてください。もしあまりジェスチャーを使わない、あるいは苦手だと感じている場合でも、強調したいポイントで手を軽く振る程度の動きから始めてみると良いでしょう。

プレゼン中に手をどこに置くべきか迷うこともあります。「手のホームポジション」としておすすめなのは、「身体の前で軽く両手を合わせる」ことです。

立った状態で背筋をまっすぐ伸ばし、肩の力を抜いてリラックスします。次に、両手を自然に、真横に垂らした状態から手の肘だけを曲げてみてください。手のひらが合わさる位置で重ねておくのが良いでしょう。肘を90度まで曲げても良いです。

ただし「腕組み」は避けましょう。腕を組むと、聞き手には防御的、または敵対的な印象を与えることがあります。緊張するとついやってしまいがちですが、プレゼン中は特に意識して控えるようにしましょう。

(3)立ち位置でもプレゼンの内容を伝える

立ち位置を変えることで、プレゼンの内容をより効果的に伝えることができます。

1対多でプレゼンする際には、伝えるための要素として「立ち位置」を活用することができます。ただし、むやみに動き回るだけでは聞き手にはかえってノイズになるだけです。以下に述べるようにプレゼン内容と連動した動きを行うことで、プレゼンの伝わる力はさらに増します。

①話し手が主か、スライドが主かに合わせる

最初のあいさつや、スライドから離れた即興的な話をする際には、話し手が主です。そのため、ステージの前面に立つことで、聞き手に自分をしっかりと見てもらい、注目を集めることができます。一方、スライドに注目して欲しい時は、主はスライドです。話し手はスライドの脇や演台に立ち、聞き手が自然とスライドに視線を向けられるようにしましょう。

②内容に合わせる

タイトルや概要、まとめといった重要なポイントを話す時は、全体に話しかけられる中央の位置に立つのが効果的です。一方で、個別の論点や具体例を説明する際には、左右に動きを加えることで話に変化をつけることができます。たとえば、「理由は3つあります」と話す場合、それぞれの理由ごとにステージの前方で左、中央、右と立ち位置を変えてみるのも良い方法です。

③対話の相手の位置に合わせる

全員に向かって話す場合は、ステージ中央や演台に立って話し、個人に問いかける場合はその人の近くに行ってみましょう。

こういった立ち位置の変化や、先にお伝えした立ち姿やジェスチャーなど、話し手自身が聞き手の視覚に訴える工夫をすることで、プレゼンの伝わる力は増すのです。どんどん試してみましょう。

以上、この章では「1対多のプレゼン」についてさまざまなノウハウをご紹介しました。これらの技術を使うことができれば、あなたのプレゼンはより洗練され、魅力的なものになるはずです。ぜひ楽しんで、試してみてください。

ステージをフルに使ってプレゼンしましょう

あとがき

対話をしながら、相手とともにより良い未来を創造する

ここまでお読みいただき、本当にありがとうございます。

この本には、私がこれまで会社員、舞台俳優、そしてプレゼン講師として経験し、学んできたことのすべてを詰め込みました。読み終えたいま、あなたはプレゼンに対してこれまでとは異なる新しい視点、考え方を持ち、それを実践する準備が整っていることでしょう。これからのプレゼンが、より楽しく、ワクワクする経験になることを著者として願っています。

さて、この本では「対話するプレゼン」について詳しくご説明してきましたが、「そもそも何のために行うのか」、その本質的な目的を改めて言葉にすると、こうなります。

「対話をしながら、相手とともにより良い未来を創造する」

本書で解説した問題解決ストーリーとは、「いまよりも、より良い未来」を手に入れるためのものです。そして、プレゼン当日には、それに基づいた資料が手元に用意されているはずです。

それは、しっかりとした足場を持つ盤石の舞台に必要な台本のようなものです。

その舞台の上では、躊躇することなく自由に相手と対話し、時には意見を交わし合いながら、関係者全員にとっての「より良い未来」を創造していただきたいと願っています。それこそが、対話するプレゼンの本質であり、最大の目的です。

これまで、私は指導や支援を通じて多くの方々にその力を得ていただくために尽力してきました。そして本書をここまで読み進めてくださったあなたには、その力がすでに備わっています。その力を自由に解き放ち、存分に活かしていただきたいという思いから、この本を書き上げました。

執筆を通じて、私自身もまた「もっと自由に、もっと楽しくコミュニケーションできる人を増やしたい」という思いを一層強く抱くようになりました。これからも、企業におけるプレゼンに関する多様なソリューションの提供に努めるとともに、「伝わること」を学び実践できる場の創設や発展に全力を注いでいきたいと考えています。

この本を執筆するにあたり、多くの方々の支えをいただきました。まず、ダイヤモンド社書籍編集局の編集担当、土江英明さんに心から感謝申し上げます。2年半もの長い間（!）、とても辛抱強く丁寧にお付き合いいただき、この本を完成させることができました。装丁を手がけてくださった轡田昭彦さん、本文デザインの中井辰也さん、そして挿絵を担当してくださった大嶋奈都子さんにもお礼を申し上げます。おかげで、こんなにも愛らしい本になりました。そして、土江さんとのご縁をつないでくださったビジネス書評家で出版コンサルタントの土井英司さんにも、心より感謝いたします。このご縁がすべての始まりでした。

また、NTT、劇団四季、レジェンダグループで私を指導してくださった上司や先輩方、ともに汗を流した共演者や同僚のみなさんにも感謝の意を伝えたいと思います。時に厳しく、時に優しく見守り、支えてくださったみなさんのおかげで、今日の私があるのだと強く感じています。ご心配やご迷惑をおかけしたことも多々ありましたが、いまもこうして元気に活動できているのは、みなさんのおかげです。そして、この仕事を始めてからご縁をいただいたすべての方々にも、深く感謝しております。答えや学び、時には戒めは、いつも現場にありました。そのすべてが、この本の根底を支えています。

これまで出会ったすべての方々、そしてこの本を通じて新たにご縁をいただいたすべての方々に、より良い未来が訪れますよう、心より願っています。

2025年2月

岩下宏一

参考文献

『作家の旅 ライターズ・ジャーニー 神話の法則で読み解く物語の構造』
クリストファー・ボグラー 著、府川由美恵 訳(フィルムアート社)
『ザ・プレゼンテーション』ナンシー・デュアルテ 著、
中西 真雄美 訳(ダイヤモンド社)
『資料作成研修講師が教える　プレゼン資料改善術』市川真樹 著(ソシム)
『プレゼン資料のデザイン図鑑』前田鎌利 著(ダイヤモンド社)
『〈つきあい〉の心理学』國分康孝 著(講談社)
『自分をどう表現するか』佐藤綾子 著(講談社)
『仕事ができる人の５日で身につく「伝える技術」改訂版
―ビジネスで成功するプレゼンテーションの奥義』西野浩輝 著
(東洋経済新報社)
『口下手な人のためのスピーチ術』生島ヒロシ 著(ゴマブックス)
『メソード演技』エドワード・D・イースティ 著、米村晰 訳(構想社)
『魂の演技レッスン22 ～輝く俳優になりなさい！』ステラ・アドラー 著、
シカ・マッケンジー 訳(フィルムアート社)
『非言語行動の心理学：対人関係とコミュニケーション理解のために』
V・P・リッチモンド、J・C・マクロスキー 著、山下耕二 編訳(北大路書房)
『FBI捜査官が教える「しぐさ」の心理学』J・ナヴァロ、M・カーリンズ 著、
西田美緒子 訳(河出書房新社)
『好感度アップ！世界的オペラ歌手に学ぶいい声トレ
(NHKまる得マガジン)』日本放送協会・NHK出版 編集(NHK出版)
『発声と身体のレッスン』鴻上尚史 著(白水社)
『インサイド・バレエテクニック：正しいレッスンとテクニックの向上』
ヴァレリー・グリーグ 著、上野房子 訳(大修館書店)

［著者］
岩下　宏一（いわした・こういち）
プレゼントレーナー、株式会社ビーユアセルフ代表取締役
鹿児島県生まれ。京都大学法学部卒業後、1993年にNTTに入社。人事部において新卒3000人採用の実務を統括。NTT分割再編成人事業務等を経て、NTTコミュニケーションズ株式会社の人事部立ち上げメンバーとなる。仕事の傍らミュージカルの専門学校に通い、2001年劇団四季オーディションに合格。俳優に転身し、ミュージカル「ライオンキング」ほか3作品500ステージに出演。退団後は、人材採用支援のレジェンダ・コーポレーション株式会社に入社し、コンサルティングマネジャーを経て人事部長となる。2014年に独立しプレゼン指導を開始、株式会社ビーユアセルフ設立。
日々、多くの人にプレゼン指導する中、真面目な人ほど「相手の気に入ることを話さねばならない」「間違えてはならない」などの思い込みでプレゼンに苦手意識を持っていることに気がつく。以来、縛られない、とらわれない、相手と率直に対話をするプレゼンを教えるようになった。官公庁、地方自治体、上場企業・ベンチャー企業、大学・高校等で今までにのべ300団体1万5000人以上に「対話するプレゼン」を教え、ラクに話せる、本音で話せる人たちを増やし続けている。

対話するプレゼン
――ロジカルなプレゼンより100倍説得力が増す方法

2025年２月25日　第１刷発行

著　者――岩下宏一
発行所――ダイヤモンド社
〒150-8409　東京都渋谷区神宮前6-12-17
https://www.diamond.co.jp/
電話／03･5778･7233（編集）　03･5778･7240（販売）
装丁――――轡田昭彦
本文デザイン―中井辰也
イラスト――大嶋奈都子
校正――――聚珍社
製作進行――ダイヤモンド・グラフィック社
印刷――――ベクトル印刷
製本――――ブックアート
編集担当――土江英明

ISBN 978-4-478-11843-6